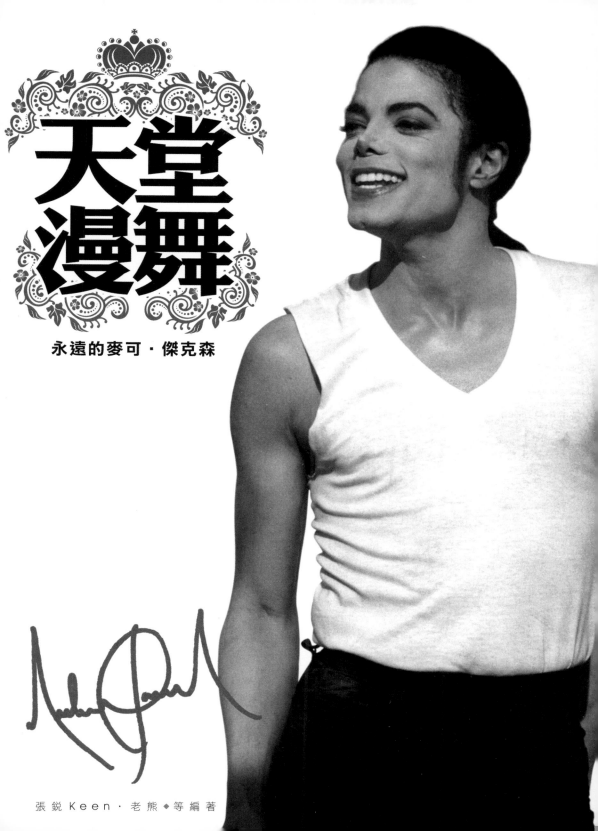

天堂漫舞

永遠的麥可·傑克森

張銳 Keen · 老熊 ◆ 等編著

洛杉磯當地時間6月25日下午……

急救中心：請問有什麼緊急情況？

求 助 者：是的先生，我需要一輛救護車，越快越好。

急救中心：好的，先生。您的地址？

求 助 者：加州，洛杉磯 90077。

急救中心：好的，先生。卡洛伍德路？

求 助 者：卡洛伍德路，是的。

急救中心：您現在使用的電話號碼是多少？請你告訴我您那兒發生了
　　　　　什麼事情？

求 助 者：這兒有位先生需要幫助，他現在沒有呼吸。他沒有呼吸，
　　　　　我們試圖為他做心臟按壓，但是他沒有任何反應。

急救中心：好的，他多大了？

求 助 者：他50歲。

急救中心：50歲，好的。他現在沒有知覺，也沒有呼吸？

求 助 者：對，他沒有呼吸。

急救中心：好的，他也沒有知覺？

求 助 者：沒，他沒有知覺。

急救中心：好的。他現在地板上嗎？他現在躺在哪裏？

求 助 者：他躺在床上。他躺在床上。

急救中心：好，把他抬到地板上。

求 助 者：好的。

急救中心：好的，把他抬到地板上，準備給他做心臟復甦術，好嗎？

求 助 者 ：我們需要……我們需要……

急救中心：我們的醫療人員已經在路上了。我沒辦法在電話上幫你。
　　　　　我們已經在路上了。有人給他進行治療嗎？

求 助 者 ：是的，有，我們有一個私人醫生，他和他在一起……

急救中心：噢？那個醫生現在還在那兒嗎？

求 助 者 ：……但是他現在沒有任何反應，他對心臟復甦術什麼的都
　　　　　沒有任何反應。

急救中心：噢，好的。我們正在路上。如果你們身邊有個醫生的話，
　　　　　他應該比我權威。有人看到發生什麼事了嗎？

求 助 者 ：沒有，就只有那個醫生。當時就只有醫生在場。

急救中心：那這位醫生看到發生什麼事了嗎？

求 助 者 ：醫生，你知道發生什麼事了嗎？……你們能不能（快
　　　　　點）……

急救中心：我們在路上，我們的醫療人員正在路上。我只是例行問些
　　　　　問題。

求 助 者 ：謝謝您。我們給他心臟按壓，但是他還是沒有任何反應。

急救中心：好的，知道了，我們正在路上。我們馬上就到。

「這個悲劇讓我徹底崩潰，我從來沒想到會聽到這個噩耗。麥可的離開，對我們來說，太過突然了。他還那麼年輕！我不知道要說和能說什麼。」

——美國著名影星伊莉莎白‧泰勒

「他是一位有著溫柔靈魂的、極其天才的大男孩，人們將永遠懷念他的歌聲。」

——前甲殼蟲樂隊的保羅‧麥卡尼

「我們非常重要的一股文化DNA已經離我們而去。」

——流行歌手約翰‧梅爾

「麥可‧傑克森是我的靈感、愛以及祝福。」

——美國流行小天后麥莉‧賽勒斯

「如果沒有麥可‧傑克森，就不會有今天的我。他的音樂與傳奇將會永垂不朽。」

——嘻哈饒舌歌手路達克里斯

「福賽特和傑克森的突然離開，讓我悲慟不已。想到他們的孩子，我就更加難以自持！」

——美國影星黛咪‧摩爾

「麥可‧傑克森的去世，讓我想起了甘迺迪去世的時候、貓王去世的時候。他是一個極聰明的人。對於我們大家來說，這是一個巨大的損失。他從五歲開始就生活在壓力之下，他的家庭和歌迷給他太大的壓力。」

——著名女歌星席琳‧迪翁

「他打破了無數的界限，他改變了電臺播放音樂的樣式。他所留下的遺產是舉世無雙的。」

——美國嘻哈歌手亞瑟

「麥可‧傑克森在藝術上的成就、天賦和遠見都是很少見的，他是世界賜予我們的禮物。他是一個真正的音樂天才，他獨特的聲音、創新的舞蹈、驚人的音樂天賦和與生俱來的明星氣質讓他在年幼的時候就登上了世界舞臺。十三次獲得葛萊美大獎，傑克森的職業生涯已經超越了音樂和文化，他的貢獻將永遠留在我們的心中和記憶裏。對於這樣的消息我們深感悲痛，我們的心與他的家人和全世界喜歡他的人同在，一起哀悼音樂界這個巨大的損失。」
——來自葛萊美的聲明

他是瘋狂的戰慄者，他是太空人

文／孫孟晉

（一）

除非這世界又要誕生另一位巨星，除非這個物質的時代將要關閉最後一道想像之門，否則麥可‧傑克森的死實在太令人惋惜。當年，傑克森以一張《瘋狂》（Off The Wall）橫空出世的時候，流行音樂的偉大偶像「貓王」提前兩年成了仙人；隨後不久，另一位神，也是那個時代的預言者——約翰‧藍儂中了地獄之彈。

麥可‧傑克森是伴隨MV誕生的巨人，也是唱片工業製造神話的寵兒，更是打破性別極限的不可複製的稀世珍寶。

再過十七天，就是他復出江湖的日子；再過五十年，他依然是最偉大的流行音樂的標記。

他的突然逝去，留下了很多令人難以證實的疑惑，就像普普藝術大師安迪‧沃荷只給他畫了一張黑色的臉。他是更愛卡通世界裏的孩子，還是現實世界的孩子？他聚積了雌雄共體的輝煌，他偷走了太空舞者的舞鞋，他把愛釋放了又偷偷地帶走，麥可‧傑克森的眼神也從桀驁不馴逐漸向中性般的乖戾過渡。注定要在揮霍才華與能量之後面對夕陽，也注定要在驚恐的人生經驗中嘗遍痛苦的滋味。

麥可‧傑克森從來不是一個人文意義的預言家，他更是一個編織改變人生命運故事的強者，他不會給你帶來後工業時代的憤怒，他是流行殿堂裏的詠歎調，他用唱片銷量和MV收視率來樹立神話。他的誕生，給青年文化帶來了無窮的節奏快感和征服欲望。

他為色彩絢爛的夢幻世界贏得了高分貝的迴響。二十世紀八〇年

代，瑪丹娜的出現和以「壞女孩」為標記的女性主義文化有關，而麥可‧傑克森則是黑人文化回潮的象徵，人類挑戰太空的流行印記，高成本MV革命中的冒險符號，以及衝擊種族主義枷鎖的又一次凱旋之音。

他少年時代在「摩城之聲」的錄音也許過於遙遠，我們現在很少再提那些錄音的真正價值。那是一張張從黑人靈歌向迪斯可流行轉變的唱片，「傑克森五兄弟」是唱片界陰謀的一個環節而已，黑人的焦灼不安被一種虛幻的快感所取代，這是馬丁‧路德‧金的吶喊失敗後，在迪斯可舞廳裏被喚醒的燈紅酒綠的迷醉。但這一切是時代的華麗轉身。

整個二十世紀八○年代流行樂的第一個關鍵字是——絢爛。終於需要一個人在舞步上和雷‧查爾斯的鋼琴比滑動的速度，也需要一副能打破陰陽界限的嗓音。他的太空舞步，他的水晶手套和金屬裝飾的演出服，他那無與倫比的征服性令整個世界為之顫慄。從此以後，不會再有這樣的人間極品：麥可‧傑克森的輝煌是工業的輝煌，是MV成為音樂家族成員後的里程碑。

麥可‧傑克森的出現，是繼安迪‧沃荷畫了一連串夢露和「貓王」之後，是繼黑人街舞和塗鴉藝術成就了一段交媾狂歡之後，西方流行文化最輝煌的一個座標。這個熱愛米開朗基羅的受難的身體更敏感於狂歡的意義，他的旋風式的舞臺表演，他那種將天真和邪惡同時迸發出光芒的才華，是二十世紀八○年代時尚文化變革中的絕妙一筆。

二十世紀八○年代，沒有人再在乎精神負荷對流行藝術的影響，差不多和麥可‧傑克森同時影響這個世界的《星際大戰》意味著一次文化的痛快的撤離和逃避。我們注意到狄倫式的寓言和披頭士式的童話被翻了過去，在二十世紀七○年代的整整十年，西方流行音樂被享

圖源／CFP

上篇 流行天王

震撼靈魂的歌者

探究音樂聖靈的精神世界

舞臺上的月行者

影舞傳說

下篇
鏡中人生

麥可在兄弟五人照片上塗鴉

上篇
流行天王

Remember the Time

MJ

震撼靈魂的歌者

2009年6月25日，
一尊時代的巨像轟然倒塌。
這一刻，或許是個機會，
讓人們逃離那些已經目不暇接的驚駭故事，
再度如朝聖者一般進入那個我們曾經認為，
現在也依然認為的夢幻桃源。
它不只是夢幻莊園，它是音樂的王國。

Music and Me

We've been together for such a long time
Now music
Music and me
Don't care whether all our songs rhyme
Now music
Music and me

I know where ever I go
We're as close as two friends can be
There have been others
But never two lovers like music
Music and me

Grab a song and come along
You can sing your melody
In your mind you will find
A world of sweet harmony

Birds of a feather
Will fly together
Now with music, music and me
Music and me

音樂與我

我們已經相伴很久
現在是音樂
音樂與我
別在乎我們的歌曲是否有韻律
現在是音樂
音樂與我

我知道無論我去到任何地方
我們就像兩個最親密的朋友
或許還有其他人
但從來不會有戀人， 像音樂
音樂與我

抓著一首歌隨聲唱來
你就可以唱出你心中的旋律
在你的思緒中你會發現
甜蜜和諧的世界

長滿羽毛的鳥兒
將飛翔在一起
現在只剩下音樂，音樂與我
音樂與我

浸淫靈歌的童年

麥可‧傑克森在樂壇起步並成名的時間，遠比現在人們普遍印象中的二十世紀八〇年代來得更早。

濃厚的黑人音樂時時刻刻浸透在傑克森家庭的成長歷程中，麥可對音樂的最初記憶就是與節奏布魯斯聯繫在一起的。「獵鷹就在我們房子的客廳裏排練，」麥可在他的自傳《月球漫步》裏寫道，「所以我是隨著節奏布魯斯被養大的。」

「我的母親則給我們唱鄉村歌曲，」他在1981年告訴一個記者說，「但卻是節奏布魯斯令我興奮起來。正是這種音樂讓我的引擎開動起來，讓我的心裏充滿了喜悅，只想歌唱。」

觸動他最深、對他最有影響的，是他的哥哥傑基。在麥可意識到自己的演唱天才之前，傑基是家裏的領唱歌手，也是小麥可崇拜的對象。雖然在麥可最終的光芒面前相形見絀並被人低估，但傑基‧傑克森的確是一個傑出的靈魂歌手。

（Destiny）專輯裏則有著熱情的《搖擺你的身體》（Shake Your Body）。

直到今天，當《瘋狂》專輯內作品的旋律響起時，人們都會忘情地隨之舞動。《瘋狂》是一座留名樂史的里程碑，也是麥可和傳奇的昆西·瓊斯真正意義上合作的第一部大作。

麥可在《與你共舞》（Rock With You）中用暢滑的聲線演繹著性感，在《她離開了我》（She's Out Of My Life）中悲情放縱，在《滿足為止》（Don't Stop'Til You Get Enough）中，人們可以聽到靈歌與迪斯可的完美融合，這都超越了那個時代無數的同行。此外，那首著名的與「貓王」艾維斯《傷心旅店》（Heartbreak Hotel）重名的歌曲，則據說是麥可最具野心的作品之一，他在其中首次運用了多種音效營造氣氛，傳遞著他作品中一種不安全的感受。

「他有著表演家和藝術家的所有本質，」老牌製作人昆西·瓊斯1982年接受採訪時說道，「麥可在情感上擁有你所需要的一切，但在幕後他也藉以戒律和步驟來支持。他曾經在錄製《瘋狂》的時候，一天之內錄下了兩段主音和三段和音，哪怕是在家裏，都用功不止。」

談及麥可的創作和製作時，昆西說：「麥可的方法是非常戲劇化又非常簡明的。當他想到一個點子後，他就會一直想下去。他會用頭腦去感覺、去構造、去成型一部作品。從一個觀點到最終實現，需要很長的時間。麥可有這樣一種力量，能不遺餘力地把所有事情做對做好。」昆西有一種預感：「麥可·傑克森會成為八○年代和九○年代最偉大的巨星。」

說這話時，還是在《顫慄》（Thriller）發行之前。

里程碑式的熱潮終於應驗了他的預感：1982年，一顆超級巨星誕生！

傑克森一飛沖天，幾乎達至神的高度。那些來自《顫慄》專輯的歌曲讓人永遠感覺充滿活力。每一首歌曲在二十多年後的今天依然新炫不已，依然能在大大小小的舞池裏時常聽聞。從創作到製作，麥可成就了自己。當今天人們提到《顫慄》的時候，腦海裏總是自然而然浮現起麥可用音樂錄影製造的幻象。

的確，麥可是視覺音樂時代的第一人，是MTV頻道上真正的霸主。但剝離影像並不影響樂迷在麥可為世人構建的空曠音樂廣場上徜徉。

到了《真棒》（Bad）的時代，昆西‧瓊斯給予了傑克森更多的創作自由，而傑克森也開始離老昆西越來越遠。傑克森不斷成熟著自己的演唱技巧，並邁向新的領域，他的那些「ooh」、「uhh」、「hee-hee」的助聲詞儼然成為了他的招牌，伴隨著他純淨得讓人無法呼吸的聲線，那是誘人而極具殺傷力的和諧。同時隨著「新傑克搖擺舞曲之父」特迪‧瑞利的加入，他還勇敢地採用新的音樂形式，將各種音樂類型融會貫通。

有意思的是，縱觀麥可整個音樂生涯，無論是他自己的創作，還是他人的創作，一經其演繹，便都打上了麥氏的烙印，令人模仿不來。在這個時代裏，傑克森一步步發現自我，邁向頂點。

世紀典藏

「93年變童案」後，他所有的榮耀和光芒開始一步步褪色。

十多年來，傳媒對他的口誅筆伐從來沒有一天停歇。他把自己更深地埋藏在了夢幻莊園中，那是他的國度，那是他的仙境。而他生命裏的音符和靈感，卻從來沒有中斷。

人們看著一個從優雅中墜落的傑克森還在力圖繼續他的傳奇：

他把所受的羞辱，他把自己的出離憤怒，他把自己的悲天憫人，他把自己的虔誠和質疑，再一次傾瀉到了《歷史》（History）專輯的創作中去：《尖叫》（Scream）、《他們不關心我們》（They Don't Care About Us）、《地球之歌》（Earth Song）……三十七年來 Billboard 排行榜第一支上榜第一周即奪冠的《你不孤單》（You Are Not Alone），再度顯現了他的奇蹟。始終淒美的《莫斯科的陌生人》（Stranger In Moscow）和發自肺腑自傳式的《童年》（Childhood），也是這張專輯中令人稱道的作品。

　　轉眼便是2001年。多年的完美主義傾向讓他越來越不敢輕易公開他的作品。《無敵》（Invincible）專輯中收錄有《堅不可摧》（Unbreakable），已故說唱大將 Notorious B.I.G. 的遺作被採樣其中，此外還有典型節奏布魯斯風格的《天旋地轉》（You Rock My World）和再度證明傑克森驚人音域和假聲的《心慌意亂》（Butterflies）。加上後來一套《終極收藏》裏公布的未完成作品，如美得鉗住人心的《再入愛河》（Fall Again）、黑暗色調的《背後

傷人》（In The Back）和悲愴問天的《我們已經受夠》（We've Had Enough），依稀給人們展現了麥可‧傑克森仍然值得期待的靈氣和魔法——無論是他給音樂賦予的聽覺愉悅還是人文精神，都值得一代代熱愛音樂、創作音樂的人們去探討和領悟。

　　除去精彩的音樂，除去人們早已熟知的傑克森音樂錄影視覺革命，麥可的舞臺表演藝術也備受稱道。他的演唱會的舞臺設計、服裝設計、聲響系統、燈光設計、舞蹈設計、經紀安排，乃至煙火及魔術……一切一切都值得後世藝人觀摩和學習，更是不可錯過的表演藝術珍品。

　　譬如唯一一張官方發行的現場演唱會DVD，內容是在羅馬尼亞首都布加勒斯特舉行的「危險之旅」演唱會。該演出錄製於1992年9月19日，並於當年10月10日在HBO有線電視臺播出。執導過《向我屈服》（Give Into Me）音樂錄影的安迪‧莫拉翰在這場演唱會上動用了超過十四個攝影師來進行拍攝。這也是一個創造紀錄的演唱會，當時麥可將它的播映權以1200萬英鎊的價格賣給了HBO有線電視臺，創下現場演唱會直播費的最高紀錄。這場演唱會特輯也為HBO創下了有線電視網史上最高收視紀錄。傑克森還因此獲得「有線電視傑出獎」。

　　這場演唱會共在全球61個國家的電臺和電視上播出。當他伴隨

著耀亮的火花蹦射而出，然後如雕塑一般在舞臺中央昂然佇立之時，台下的茫茫人海縱情地哭著跳著喊著，如同見到了神蹟——是的，他們虔誠的眼神說明了一切，哪怕是堅若磐石的人亦會為之感染。

「什麼叫做天才？什麼叫做活的傳說？什麼叫做超級巨星？答案就是麥可·傑克森。當你自以為了解他時，他卻帶來更多更多……」好萊塢傳奇伊莉莎白·泰勒曾如是說道。誠哉斯言。

儘管在過去四十年裏，傑克森的歌曲已經被聽過成千上萬次，但當他逝世的消息傳來，他的音樂再度席捲了全球的排行榜，在這一段時間裏，到處都播放著他的歌曲緬懷他，每一個音符都調動著眼淚和回憶。

就像貓王一樣，是傑克森的音樂首先喚起了人們的注意和熱愛，並給無數人的生命和成長烙上了印跡。也只有音樂才能如火炬一般代代相傳。隨著時間的流逝，所有的醜聞和八卦將漸漸被人忘卻，唯有音樂、唯有天才，終將因藝術的美麗而永遠被世人銘記。

縱然傳媒一次又一次地想通過他的「怪行」、「惡名」和「走下坡路的事業」來證明應當撼動他「流行音樂之王」的寶座，但他依然配得上這樣的稱號。至少，世界上還沒能出現另一個如麥可·傑克森般天才而革新的王者，只有一批又一批靠模仿他而成名的青年。而這位獨一無二的歌者和舞者，這位二十世紀最後一個傳奇，無疑始終會行者無疆。

探究音樂聖靈的
精神世界

　　這簡直是一種福佑，真的。我從與他的交談中學到了那麼多東西。他是一個天才，我是說真的。我能從與他的日常交談中明白他為什麼這麼成功。他在另外一個境界上。他把我帶到了另外一個境界上。

──R&B 男歌手阿肯（Akon）

　　全世界都知道「This Is It」是今年麥可·傑克森宣布的告別演唱會名稱。無數媒體和歌迷認為這是傑克森在給世界做最後的交代，演唱完後退隱江湖。但是傑克森去世以後浮現的細節，才證明了人們的想法完全錯誤。有意思的是，傑克森似乎有著更大的抱負。

　　麥可·傑克森意外死亡的第二天，二十年來一直跟隨在他身邊的化妝師卡倫·菲在她的 Facebook 上公布了這樣一段話：

　　我知道失去這個美好的男人有多麼痛苦，我幾乎不能言語……但我必須要告訴你們他這次回到舞臺的原因。他不是為了錢，也不是為了重振事業！……他是想要傳遞給我們這樣一個訊息：拯救世界，不然就太晚了！他想讓我們知道只有四年的時間可以去改正一切，可以讓人類走上更高的階段，不然我們將失去我們的地球。我想你們知道，他愛你們所有人。他希望能讓每個人微笑，並在困難的時刻團結起來……讓世界更加美好。他工作如此努力，當我週三晚上離開他時他還依然很高興……現在太艱難了。

　　事實上，演唱會導演肯尼·奧特加也在傑克森去世後，寫下了這樣的話：「麥可把我們帶到了這一天，現在把它留在了我們的手

　　我們不禁感慨他能夠取得這樣的成績，那一年麥可才剛滿21歲。據他自己說，製作這張專輯是他最艱難的時日。作為一個社會閱歷頗淺的羞澀男孩，他沒有幾個真心的朋友，而且由於內疚感和責任感，他總是把自己封閉起來。於是就在這份孤獨之中，他開始一肩挑起自己的傳奇人生。

　　然而，麥可展現給我們的卻是一個好比「早上七八點鐘的太陽」一般的精神面貌，整張專輯洋溢著一個年輕黑人小夥子的能量與激情。在麥可滿足前，他永遠不會停下來。他在《滿足為止》中唱道：「魅力，是一種感覺/狂熱，興奮的溫度正在上揚/能量，來自於讓一切這發生的力量」。

　　對於愛情，麥可有著與自己年齡不符的深刻見解，不僅僅是相處之道，更為年輕人端正了愛情中的價值觀。例如：

　　「你說工作/是一個男人應該做的/但我說不對/如果我不能給你愛」（《日夜不停地工作》（Working Day and Night））。

　　「現在我已經明白愛不是佔有/已經知道愛不容久等/已經懂得愛需要表達/我是如此的後知後覺/該死的優柔寡斷和邪惡的驕傲/把我的一往情深深鎖心底/彷彿一把利刀直刺心窩/她已離我而去」（《她離開了我》）。

　　在21歲時已擁有十五年成人世界的閱歷，麥可又是那麼善於思考和總結，以至於在他的流行歌曲歌詞中竟能誕生一些座右銘般的金玉良言。

　　「總有遇到機遇的機會/機會就在於如何抉擇」（《踏入舞池》（Get on the Floor））。

「當世界都在你肩上/如果你瘋狂地生活/生活根本就不那麼糟」
（《瘋狂》）。

麥可有著詩人般的情懷，他的歌詞能透出徐志摩般的新月浪
漫。他在《情不自禁》（Can't Help It）中唱道：

「愛在我的指間流淌/你的嬌喘如此輕柔/愛情降臨並佔據了你/
激起你明眸中的火花/如同一次去往天堂的旅行/這是上天的獎賞/我
是如此慶幸能夠遇上你/你便是那喬裝改扮的天使」。

他的歌詞總給人一語雙關的感覺，不僅僅是在描繪一段美好的
愛戀，也在向聽者傳達著內心的話語，在他去世後如同微風般輕撫
著他愛和愛他的人……

Rock with You

《與你共舞》

And when the groove is dead and gone

哪怕舞曲隨風逝去

You know that love survives

但你知道，只要愛在心中倖存

So we can rock forever, on

我們就能繼續搖擺，直到永遠

I wanna rock with you

我要與你共舞

顫慄：時代之音

《顫慄》（Thriller）1982

《顫慄》專輯原名《星光》，是麥可打算獻給母親的作品。在
後期製作中，由於不滿歌曲的混音效果，完美主義的麥可冒著被東

家起訴違約的風險重新錄製了整張專輯。時值家庭危機和人生挑戰，麥可以自己的作品向社會傳遞出了一份悲怨、黑暗的訊息，抑或說是他在其中發洩著自己的憤怒；麥可放棄使用其早期金曲（從《我想你回來》到《滿足為止》）中的男孩般的假音，而以一種更為成熟、傷感的嗓音來演繹歌曲。他的新姿態因此首度賦予了作品更深刻而情緒化的內涵。毫無疑問，《顫慄》成為了這位傑出藝人創作歷程上的重要分水嶺。

《顫慄》於1982年12月1日發行，在接下來的一年裏，它稱霸美國專輯榜冠軍寶座長達37周。專輯內的九首作品中，七首被發行為單曲，七首均打入了Top 10，創下了當時的最高紀錄。據美國唱片工業協會統計，它已經在美國國內賣掉了2800萬張；在海外，它當仁不讓地登上了眾多國家的音樂排行榜並名列前茅，僅在英國一地就賣出了360萬張。

「他的音樂是時代之音。」一個蘇聯高中生當時評論說。據美國唱片工業協會和索尼音樂公司的統計，《金氏世界紀錄》2006年11月公布了官方資料：該專輯在全球的銷量已超過1.04億張。它成為了世界上最暢銷的專輯，並被《金氏世界紀錄》永遠載入史冊。

A&M唱片公司老闆吉爾·福里森當年評論道：「整個音樂工業都因之受益。」是的，當年《顫慄》及其相關產業在美國國內賺取的總利潤約達41億美元，圍繞著該專輯甚至產生了一個新興的產業——它的衍生物：書、雜誌、報刊、錄影、謠言……至今被人們津津樂道，也給當今極度商業化的唱片

Music 天堂漫舞

業界的運作、宣傳、行銷提供了重要參考。而有著強烈麥氏風格的《顫慄》的音樂錄影則為後世錄影帶的拍攝定下了極高的標準，開創並促進了八〇年代以來世界MTV時代的蓬勃發展。

除了作為一件傑出的音樂作品，《顫慄》還具有更深的歷史意義。據統計，八〇年代的美國人中80%的人聽過這張專輯。在發行的兩年內，其影響不僅席捲了音樂領域，還覆蓋了舞蹈、時尚和電視。對現在許多二十多歲或三十歲的人來說，《顫慄》是推動他們走入美國流行文化的原動力。它涵蓋流行、瘋克、搖滾、節奏布魯斯和說唱等多種音樂元素，輕鬆地把將要炸得四分五裂的音樂工業拯救過來。它不僅突破了種族界限，還為後世的黑人藝人鋪下了光明大道，更為他們指明了前進的方向。正如《時代週刊》所說，是它把黑人音樂真正帶回了主流世界。現在許多當紅黑人歌手都在各大訪談中毫不諱言麥可和《顫慄》帶給他們的巨大激勵與幫助。「毫無疑問，他把我們帶回了我們應該屬於的地方，」昆西評論道，「以前的黑人音樂在社會上總徘徊在二流地位，但它的靈魂卻是整個流行文化的馬達。麥可把世界上所有的心靈聯繫到了一起。」

這張專輯在一向苛刻的葛萊美獎上也大放異彩，一舉捧走了八項大獎，創下了個人年度得獎的最高紀錄！《顫慄》在當年其他各大頒獎典禮上也出盡了鋒頭，在全球獲得了超過140項大小獎盃，罕見地成為音樂史上商業與藝術的雙贏之作……這簡直就如同1997年電影界所向披靡的《鐵達尼號》。迄今為止，這種奇蹟再沒有在任何當代紅星身上重演 —— 無論是紅得發紫的流行組合或歌手，炙手可熱的說唱嘻哈巨星，還是叱吒江湖數載的搖滾老將。流行和完美的定義在那一刻被麥可‧傑克森以《顫慄》一舉推向了輝煌與極致。

　　《顫慄》專輯是本小說，它以一曲《製造麻煩》（Wanna Be Startin' Somethin'）拉開序幕：「我說過你是在想要挑動事端，你一定會挑動事端」，麥可說，這是一個名叫「比利‧珍」的女人。她背叛、欺騙、墮落，議論、爭吵、撒謊，她造謠生事顛倒黑白卻沒有辦法令主人翁恨自己的女友，於是她變得牙尖嘴利。對於如此的一個女人，麥可不斷重複地唱道：「他們一直都討厭你，你只是一碟小菜/你只是一份速食，你只是一碟小菜/他們恨不得吃掉你，你只是一碟小菜。」這是何等的輕蔑與不屑。

　　比利‧珍到底是誰？她和主人翁到底有著什麼樣的故事？麥可把關子一直賣到第六首曲目，流行音樂史上偉大而又傳奇的作品──《比利‧珍》。關於這首歌曲的創作，麥可說是在夢中完成的，而他所做的僅僅是睡醒後趕忙把一切記錄下來。是上帝託他帶給人間的禮物？

《比利‧珍》

She was more like a beauty queen from a movie scene
她就像銀幕上的絕代佳人
I said don't mind
我說好吧，
But what do you mean I am the one
但為什麼偏偏選中我
Who will dance on the floor in the round
與你共舞？
She said I am the one
她卻只說，
Who will dance on the floor in the round
要我伴她共舞

She told me her name was Billie Jean

她說她叫比利‧珍

As she caused a scene

美麗得

Then every head turned with eyes

令每個男人側目

That dreamed of being the one

夢想自己

Who will dance on the floor in the round

能與之共舞

…………

Billie Jean is not my lover

比利‧珍不是我的愛人

She's just a girl

她卻堅稱我

Who claims that I am the one

脫不了干係

But the kid is not my son

可我真不是孩子的父親

She says I am the one

她說我脫不了干係

But the kid is not my son

但我真不是那孩子的父親

…………

　　二十年來，人們總是在試圖找出比利‧珍的原型，而事實上她並沒有原型。人們評價麥可歌詞創作最不凡之處就在於，六歲起就生活在鎂光燈下的麥可並沒有正常人的成長經歷，他從小便生活在美國民眾的眼皮底下，可他卻總能靈應般地感知一切並深刻地洞察總結，最後賦予它們以藝術的生命，讓它們鮮活地跳到我們面前，而我們只能說：噢，精闢！為什麼我沒能做到？

　　少年時代的麥可為了生計曾不得不在脫衣舞俱樂部演出，看遍了燈紅酒綠，歷盡了登臺謝幕。那時候在演出後哥哥們曾遇到一些輕浮的女歌迷，而那些女孩們是不是就是比利‧珍？我們不得而知。好的文學作品能告訴人們一些道理，不論把什麼樣的事實帶入，這個道理依舊有說服力。「這就像一幅未完成的畫，你可以隨性填入任何東西，你可以把它視為一個非常的、神秘且些許悲傷的故事。」曾與麥可有過多次合作的音樂製作人葛蘭‧巴拉德說。《比利‧珍》就是這樣的一個佳作，在後來那段緋聞和小道消息滿天飛的日子裏，千萬個比利‧珍湧現了出來。麥可是先知嗎？不，只是他早已洞悉了社會的本質！

　　於是回到《製造麻煩》，就不再難以理解麥可的告誡：「如果你養不起你的孩子/那麼就不要生孩子/別去考慮任何的可能性/如果你養不起你的孩子/你就應當盡量/不要讓孩子哭泣」。如果結果將有可能是負面而又無法挽回的，就乾脆不要去做！

　　當然，這段話說來也對少不更事的少男少女有很大的告誡作用。

　　有一首歌，也許是我們最耳熟能詳的麥可曲目之一，我們必須重新去理解，那就是《避開》。這首歌的曲名在引進之初的錯誤翻譯導致了中國歌迷把它理解為完全相反的意思——你一定以為這首曲名被譯為「打擊」的歌曲充滿暴力和無知，配上它的MV，儼然一

副幫派鬥毆的宏大場景。

然而，你錯了。「Beat It」的正確翻譯應該是「避開」，正好與「打擊」相反！

《避開》是一首不折不扣的公益歌曲，他教育年輕人衝動是魔鬼，逞強不如避免。人生中有很多時候會遇上一些事情，沒有道理可講，與其一決高下，不如退一步海闊天空。因為「對錯並不重要」。

1984年，歌曲被運用到防止酒後駕駛的宣傳短片中，在全美電視臺上播放，時任總統的雷根特邀麥可造訪白宮，並在白宮草坪上發表演說，表彰在個人事業上取得巨大成就的麥可不忘宣傳防止酒後駕駛和青少年濫用毒品，利用個人號召力為社會作出貢獻。麥可獲頒總統勳章一枚。如果《避開》當真在鼓吹鬥毆滋事，這一切又豈有可能？

《避開》

They told him

他們告訴他：

Don't you ever come around here

「你膽敢再來？

Don't wanna see your face,

不想再見你，

You better disappear

你最好消失！」

The fire's in their eyes

怒火在他們眼中升騰

And their words are really clear

話語也說得格外明白

So beat it, just beat it

那麼就避開吧，避開

…………

Just beat it, beat it, beat it, beat it

避開吧，避開

No one wants to be defeated

沒人想要認輸

Showin' how funky strong is your fight

所以都來發狠耍狂

It doesn't matter who's wrong or right

其實對錯並不重要

Just beat It, beat It

就避開吧，避開

在《顫慄》的音樂錄影帶中，卷首的一段說明展示了麥可天主教的宗教信仰，由於選用鬼神的拍攝題材，他不希望因此而觸犯自己的信仰。

「傑克森為一個最偉大的藝術家寫歌——就是他自己。」戴安·華倫說。華倫是獲得過葛萊美獎的作詞人，曾為惠妮·休斯頓、席琳·迪翁、凱莉·克拉克森和瑪麗·布萊姬作詞。華倫說傑克森還挑選其他作詞人寫的好歌。他是這些歌曲「最完美的詮釋」。在他的歌集中，華倫看出了或許偽裝為保護者的主題，挑戰和不屈不撓的堅強。

圖源／CFP

真棒：流行音樂之王

《真棒》（Bad）1987

　　《真棒》專輯由Epic公司於1987年8月發行。1987年8月8日，首發單曲《我不能停止愛你》（I Just Can't Stop Loving You）上榜。這是一首由麥可‧傑克森和歌手希達‧加雷特合唱的情歌，它很快就在電臺得到了廣泛播出並登上了冠軍位置。這張作品成為有史以來預售量最大的專輯。當天，CBS電視臺在黃金時間播出了電視特輯「麥可‧傑克森：魔力回歸」，單曲《真棒》長達17分鐘的音樂錄影也在其中首映。「麥可狂潮」再次升溫，在接下來的時間裏，專輯內發行的五支單曲都登上了冠軍寶座，創下了紀錄。《真棒》也成為當時僅次於《顫慄》的第二暢銷專輯。而「真棒」巡演──麥可首次個人巡演──也開始在世界範圍內颳起「麥可旋風」。麥可從日本開始，縱橫15個國家，共舉行了123場演唱會，在400多萬觀眾面前進行了表演。當巡演最終於1989年1月27日在洛杉磯落幕之時，麥可已賺取了超過1.25億美元。

　　由於《真棒》專輯在全世界的排行榜上和銷量上的驚人表現，麥可‧傑克森的廣大歌迷群和業界人士便在這時開始稱呼他為「流行音樂之王」。1988年4月，麥可證明了自己不僅僅是音樂榜上的主宰。他的自傳《月球漫步》

　　麥可有一種思想貫徹始終：什麼樣的人是最棒的人？擁有愛心，並能從「鏡中人」做起去完善我們的世界的人。什麼樣的年輕人是最棒的年輕人？理智的、擁有判斷力的上進青年。這本是很主流的價值觀，我們卻能看到從《真棒》開始，麥可似乎得罪了一些不該得罪的人——媒體！「曾幾何時，你知道你沒有錯，你知道自己必須去鬥爭」，請所有媒體「別打擾我」！

　　這是麥可第一次在自己的音樂中和媒體針鋒相對，痛訴失去自由之苦。

在危險之旅上躑躅

《危險》（Dangerous）1991

　　《危險》（Dangerous）1991是傑克森與昆西・瓊斯分道揚鑣後的第一張個人專輯。它詭麗的封面顯示出傑克森探索和創新的精神和決心，並在風格上更加多元。《危險》1991年11月發行初期的銷量創下了當時的銷售紀錄。而「危險」世界巡演更是幫助該專輯保持穩定態勢在榜上停留了兩年（117周）之久並售出210萬張。在美國，專輯發行的七支單曲中派生出四支Top 10。最終《危險》在美國本土售出700萬張。

　　值得一提的是，《危險》裏的單曲成績在歐洲及澳洲的表現尤為強勁，而且適時的巡演也促進了專輯的銷量。同《真棒》和《顫慄》相比，《危險》在歐洲和澳洲取得了更大的成功。與此同時，該專輯

圖源／CFP

在新興的唱片市場如亞洲、南美也是銷售一片長紅。強勁而持久的銷售生命使《危險》成為九〇年代銷售成績第二高的專輯，並排在全球歷史上最暢銷專輯名單的前十五位。

進入九〇年代，麥可的音樂變得更直白，更多宗教、歷史、種族的嚴肅話題被帶入。

《自由高歌》（Jam）呼籲利用政治外交手段解決人類所面臨的各種嚴峻考驗。

《黑或白》（Black or White）道出「我這輩子不是為了某種膚色而活」，「不論是黑是白，都是值得你驕傲的顏色」。

《為何對我挑三揀四》（Why You Wanna Trip On Me）中質問「還有一些教師無心去教書，還有許多成年人仍然是文盲，存在著許多疾病卻沒有醫治方案，還有許多醫生仍在猶豫不決」，「那你告訴我」你為何還有空「對我挑三揀四」？

而《堅持信念》（Keep The Faith）激昂地高唱「抬起你的頭，自豪地面向世界，朝著理想前行，別讓困難阻擋了你，你會是一個勝利者，只要你保持著信念」。

整張專輯中，麥可都在嘗試宣揚大愛，一個舞臺表演者從未觸碰過的深度。他希望以耶穌基督般的博愛，感染和衝破種族、國界、宗教隔閡，用音樂實現一個無疆的唯愛王國。

1993年，他的世界崩塌了。

大家都知道他受到的非人待遇。這個期間的傑克森第一次對他的信仰產生了懷疑。

他被指控為兒童騷擾犯，就因為他按照耶穌的指示（《馬太福音》）做事：「讓孩子們到我身邊來吧……」「我並不是說我就是基督耶穌，但我內心的確想像他那樣。」說這話時，他的內心或許同時在自問：「難道我也會像耶穌那樣被釘上十字架？耶穌可獲得

重生，但我呢？」

　　「93年變童案」在庭外和解後就不明不白地收場了，他沒有獲得清白。無論事實如何，外界已經給他行了私刑，定了罪名。他一身冤屈一世都洗不清。只要是人，都有情緒，都有牢騷，即使麥可這種溫柔如天使的人也不例外。

　　他再也不是那個單純的教徒，他的信仰已無昔日般的堅固不搖，至少他不如他母親凱薩琳那般執意要孩子們回到教會。麥可在二十世紀末表示自己並未為自己的孩子選擇信仰的宗教。他想讓孩子自己選。在這方面，他已經不如虔誠基督教家庭家長那樣堅持，而是做出了讓步。

歷史：到底要不要一個千年國

《歷史》（HIStory）1995

　　《歷史》（HIStory）於1995年6月發行，並擁有有史以來規模最大、耗資最多的宣傳活動。唱片公司為其宣傳促銷的費用就達3000萬美元。儘管指控被撤銷，公眾對麥可在1993年被控告變童的事件仍然耿耿於懷。評論界對《歷史》的發行也褒貶不一，而麥可則完全陷入遭受媒體攻擊的境地。他甚至為了宣傳新專輯，將自己的巨型雕像豎立在歐洲大陸上，並讓它們漂過泰晤士河，此舉被一些媒體稱為「搖滾史上最瘋狂的瞬間」。除去負面報導，人人都知道傑克森的新專輯問世了。但另一個問題是：由於是雙碟裝，唱片的價格自然有所上漲。但索尼音樂公司受利益驅使，把價格定得比其他任何雙碟裝唱片都高。

　　《歷史》起初的銷量勢頭迅猛。它在世界各地的專輯榜上空降為冠軍。但《歷史》並未能延續初戰的成績，它在美國專輯榜的冠

軍寶座上只停留了兩周，而在英國只有一周。在其他國家的專輯榜的冠軍寶座上平均停留兩周。不過世界範圍內，專輯的銷售情況良好。事實上，在歐洲的丹麥、瑞士、荷蘭以及比利時，《歷史》是麥可在這些國家銷量最高的專輯。1996年底歐洲的總銷量是600萬套。這個成績同《真棒》大抵相當，卻不如《危險》。不過，由於它是定價昂貴的雙專輯，所以就專輯銷售收入而言，該專輯是繼《顫慄》之後收入最高的專輯。

這張專輯名為《歷史》，HIStory，前三個字母大寫，意味深長，那是強調這是麥可的輝煌歷史，也暗示了他在歷史上的一席之地。這張重量級的專輯確實是歷史性的，它打破了流行音樂的許多定義，此專輯中幾乎每首歌都有其深刻內涵與暗示，內容涉及政治評論、種族觀念、呼籲環保、反戰情思、人生價值取向、諷刺醜惡心態行為、揭露社會癥結、對大眾媒體的不滿，還有對生活的熱愛、對歷史偉人的崇敬，以及對為國捐軀的戰士的熱情謳歌，還帶著淡淡的感傷與詩意。如此包羅萬象的內容，在一張專輯中得到全面的詮釋，其範圍之廣、探研之深，是空前的，而此專輯的主人，也只有天才麥可了。

必須要說的是，這時的麥可已經再也不是從前那個單純得只剩下愛的麥可了。經過「93年變童案」的精神摧殘，他已徹底崩潰，甚至開始質疑自己的信仰。在《歷史》專輯中，麥可開始引用《聖經》，把他的歌詞上升到了一個高處不勝寒的文化高度。

這張專輯也許是這位天才最為嘔心瀝血的作品了，它的問世是

麥可在受盡挫折之後，對整個世界的重新認識與反思的結晶。此前的麥可‧傑克森春風得意，風光無限，他以自己的魅力與天才、敏銳的洞察力以及細緻的情感博得了億萬人的喜愛，在其他公眾演藝人士醜聞迭出時，他總是那麼完美。而1993年的那樁令人尷尬的、似是而非的兒童性騷擾案，幾乎使麥可身敗名裂。當時麥可不得不停止他那正在氣勢宏大地進行的「危險之旅」巡迴演出。據不完全統計，這次停止使他損失了近1.5億美元的收入。

出乎所有人的意料，偉大的麥可‧傑克森卻重新振作起來，出了這張憤怒的、反思的作品，在此專輯中，他只把自己的感情抒發出來，絲毫未考慮大眾品味等決定銷量的因素，並且又馬不停蹄地開始了盛況空前的「歷史」巡迴演出。媒體又這樣評價：百折不撓的麥可。

值得一提的是，此專輯中只有一首情歌，也是此專輯唯一一首不是他本人譜寫的歌曲。一向被眾歌手奉為主旋律的愛情歌曲在麥可身上失寵已不是什麼新鮮事了。而這首情歌單曲《你不孤單》僅發行一周，就成為排行榜冠軍，「無愧於他流行天王的尊號」。應該這樣說，如果沒有這次挫折，也許就沒有這首好得難以置信的作品。

《他們不關心我們》（They Don't Care About Us）是一首反對種族歧視的歌曲，歌中提到了羅斯福總統、偉大的黑人領袖馬丁‧路德‧金。其中一段歌詞極為經典：「告訴我什麼降臨到了我的生活，我有一個妻子與兩個孩子正深深愛著我，但我已成了員警野蠻行為的受害者，我早厭倦了一直被當作仇恨的犧牲品，你們口口聲聲說為了上帝的利益，卻使我失去了自尊，但我在期待上帝實現他的諾言，還我自由！」

「所有我要說的是，他們不會真正關心我們。」 從這些話中，

體會得到麥可對於無端誹謗的無奈與嚴厲的控訴，暗示著那件他認為是被誹謗的兒童性騷擾案，發洩了他無比的仇恨。他自己在評論這首歌時說：「我的這首歌引發了很大的爭議，但我想要做的只是，撫慰那些被壓迫、被歧視的可憐的人們，以及種族主義、種族隔離制度與觀念的受害者。我要幫助他們，使他們重新振作起來，與惡勢力鬥爭，找回生活的自信，並且我也要站在他們中間一起戰鬥。」

由於此曲過於深刻地揭露了美國社會的嚴酷現實以及對宗教的虛偽信仰，因此深深地觸動了美國上層社會的敏感神經元。自九○年代初以來，麥可以自己世界偶像的身分，為美國文化及其價值觀進行了各個層面上的傳播，他對美國社會的懷疑和不信任態度，使美國上層認為他的行為會對美國在世界上的形象產生不良的影響。因此，美國必須在這一點上和麥可劃清界限。

從《歷史》開始，美國再也容不下麥可‧傑克森這個人了。《他們不關心我們》、《小蘇西》（Little Susie）等歌曲也許太過尖銳了。《他們不關心我們》唱來唱去在暗示些什麼？有人揣摩暗喻《獨立宣言》沒有實現，治國者沒有把他們的話兌現。這是否揭了美國最痛的傷疤？這些內容可謂批鬥政府，美國又豈能讓他來肩負起宣揚美國文化的重任？因為他們害怕麥可作為一個真正的基督徒揭露他們背離自己所鼓吹的聖經信仰的事實。

麥可對基督教的理解產生了矛盾，到底要不要千年國？「What about death again?」「What about Abraham?」沒有人想滅亡，即使上帝承諾人類將會重生。

這種對藝人可說是自殺的行為，無疑為以後美國媒體蓄意污蔑攻擊和他的官司埋下伏筆。「HIStory」是本專輯的同名單曲，歌名就叫做「歷史」，自然是氣勢恢宏的作品了。這首有些接近古典風

格的作品，在演繹人類歷史進步輝煌的同時，也透著一些悲壯的氣息和惋惜的感情。

　　歌曲一開始是節奏強烈的重搖滾風格，麥可用他標誌性的嘶吼歌聲描繪著人類進步的鬥爭與殘殺，接著突然轉為氣勢磅礴的類似唱詩班式的合唱：

How many victims must there be
有多少無辜的受害者，
Slaughtered in vain across the land
被殺戮在這片土地上
And how many struggles must there be
我們要經歷多少的苦難
Before we choose to live the prophet's plan
才去決定實現先知的預言？
Everybody sing…
大家一起唱……
…………

How many people have to cry
又有多少人不得不哭泣
The song of pain and grief across the land
在這塊土地上飄蕩著多少痛苦與不幸的歌聲
And how many children have to die
又有多少孩子必須無辜地死去
Before we stand to lend a healing hand
我們甚至來不及伸出救援之手

結尾部分是麥可與一個孩子的此起彼伏的對唱：

A soldier dies
一個戰士死了
A mother cries
一個母親哭了
The promising child
前途光明的孩子
shines in a baby's eyes
在一個嬰孩的眼中閃耀
All nations sing
所有的國度都在高歌
Let's harmonize all around the world
讓全世界充滿和諧

很明顯，最後一段是對全世界和平的呼籲之聲，但包含著很傷感的味道：看，戰爭，國家間的戰爭，一個國家勝利了，但一個戰士死了，他的母親哭了，一個家被毀了，然而，戰爭帶給人們的豈止一個家的痛苦？千萬的戰士犧牲了，千萬個母親哭著，千萬個家殘缺了，毀了。那個前途光明的孩子向他母親許了什麼諾言呢？也許是向母親承諾，為國參戰後他會回來的。但他死了。

不過這首歌是支持正義的戰鬥的，如果不戰鬥，就會有更多的人受害。歌中夾雜著許多歷史性的聲音。黑人民權領袖馬丁‧路德‧金聞名於世的「我有一個夢」的演講詞也在此作品中錄製進去，第一位登月太空人的名言實錄也在此作品中演繹：「對於我個人來說，這是一小步；而對於人類來說，這是一大步。」這是他將

圖源／CFP

要踏上月球時向全人類的宣言。接下來,甘迺迪總統對此的現場演說也隨之而來:「我很高興,美國人民的一個里程碑,也是人類的一個里程碑……」

　　總而言之,從《危險》到《歷史》,從思想角度講,麥可創作理念有很明顯的不同。如果《危險》是對生活的一種謳歌的話,《歷史》就是控訴。《危險》充滿希望,《歷史》對人類社會表現出些許絕望。《危險》讓人感到絢麗多姿,《歷史》讓人感覺沉穩現實。《危險》的目的是想讓專輯賣得更多,而《歷史》更像是一種發洩。《歷史》更能讓人體會到這是一張全部由他自己創作的專輯。然而,《地球之歌》、《他們不關心我們》、《童年》、《D.S.》,這些大膽、發自內心的歌曲注定了他以後的專輯銷售的滑坡,因為它們過於撼動了美國社會價值觀的根基。

　　誰也不能像他這樣真正無私而勇敢到即使自己名譽受損,還是要義無反顧地做自己認為正確的事情。

舞臺上的月行者

讓夢起舞。

意識憑藉創作表達，我們住的這個世界是場創作者的舞蹈。舞者在注目中來來去去，而舞蹈留下。

在許多次起舞的情況下，我感覺觸到某種神聖之物，在那些時刻，我的靈魂飛翔，與萬物合一。我變成星，也變成月，變成愛者與被愛者，勝利者與被征服者，主人與奴隸，變成歌手與歌曲，知者與知識。

我繼續跳著，永恆的創造之舞，創作者與創作融成完整的喜悅。

我持續跳著、跳著……跳著，跳到只剩下……舞蹈。

—— 麥可・傑克森

站在巨人的肩上

「麥可在1983年摩城25周年紀念演出中的表演最讓人感到驚訝，他站在舞臺的中央，沒有伴舞，沒有任何舞臺效果，什麼別的東西都沒有，人們不知他要幹什麼。他們都僅僅知道他是傑克森五兄弟裏的一個明星。他在舞臺的中央唱了一首歌，結果他迷倒了眾生。他站在舞臺的中央，他壓倒了整個世界。」

這是R&B歌手西斯科對麥可最為經典的《比利・珍》現場表演的評價，沒有具體的描述，沒有華麗的讚美，簡單的幾句話，「壓倒了整個世界」，卻最實在地表現了他當時感受到的震撼，當時麥可給所有觀眾帶來的震撼。也正是在這個驚為天人的演出裏，麥可

圖源／CEP

圖源／CFP

「This Is It!」

　　2001年，麥可在紐約麥迪森廣場花園舉辦了兩場「出道三十周年紀念演唱會」，共四萬張門票在發售後不久即被搶空。這次的紀念演唱會讓傑克森五兄弟在二十年後再度同台演出，並邀請了四十名來自流行、R&B和鄉村音樂的傳奇巨星作為表演嘉賓，吸引了超過200位來自影視界、音樂界和體育界的巨星參加這場向麥可‧傑克森致敬的盛會。來自全球各地的權貴們也有參加。一段在演唱會現場播出的宣傳片中，畫外音配合著傑克森的舞蹈說：「他在挑戰人類形體語言的極限，每一個動作卻都流露著詩意。」該演唱會演出後被錄製成特輯，根據尼爾森媒體監測中心統計，共有4500萬人觀看了這台特輯。麥可對世界的吸引力絲毫沒有減退。

　　2009年3月5日，麥可在因變童案沉寂四年後宣布復出，在倫敦氧氣體育館舉行十場「This Is It」告別演唱會。一時間，全球歌迷為之興奮不已。隨後「告別演唱會」因迴響熱烈追加到五十場。3月13日，「This Is It」演唱會的門票在四個多小時內被搶購一空，並創造了歷史紀錄，包括：歷史上最大規模的觀眾在同一城市觀看同一個藝人的表演；歷史上最大規模的觀眾在一個場館觀看系列演出；歷史上最快門票銷售速度！麥可隨即又把演唱會場次加到五十場。演唱會承包商AEG娛樂公司的老總藍迪‧菲力浦斯評論說：「這些演唱會不僅是無與倫比的，這些紀錄也是永遠不會再被打破的。」

　　自從宣布了「This Is It」演唱會之後，麥可決定讓自己再上另一個巔峰。他親自參加演出的伴舞和樂手的挑選，還邀請了知名魔術師為他的演唱會設計魔術。從舞臺效果、服裝、3D特效，到麥可的舞蹈，都力圖超越過往。麥可甚至還親自為演唱會設計了一副手套，並努力創作、排練新的舞步，再次讓世界看到麥可‧傑克森的

魅力。可惜造化弄人，在離首場演唱會僅十八天的時候，2009年6月25日，麥可因心臟停止突然離開了人世，讓全世界震驚不已。這場未正式開幕的盛大演出，也成了全球歌迷和音樂界永遠的遺憾。據說該演唱會承辦商曾拍下不少排練時的錄影帶，有可能可以剪輯出一場完整的「演唱會」，若將來真有「This Is It」演唱會排練錄影帶面世，想必在華麗與令人驚歎之餘，也會帶給人們無盡的唏噓。

影舞傳說

　　當如今大多數人已經習慣於在MTV頻道欣賞勁歌熱舞，已漸漸感覺不出新鮮感的時候，殊不知這個當年純粹為了宣傳CD而在電視上播出的短篇藝術形式，是在麥可‧傑克森的手裏提升了一個檔次，並為後世許許多多藝人打開了一扇大門。

影像時代的引路人

　　當《到處遊走》（Goin' Places）和《怪罪搖擺舞》（Blame It On The Boogie）還遵循著典型的六七〇年代的音樂錄影製作手法時，傑克森已經開始想像如何讓一部音樂錄影更加具有吸引力。

　　他首先在1979年的《滿足為止》中加入了絢爛的特技，接著在《感覺到了嗎》中變成了超自然力量派來的使者：傑克森兄弟們出現在完美世界的創生時期，他們向整個地球散播愛的光輝……這是一部具有突破意義的MV，運用了先進的攝影技術及電腦生成圖像手段。

　　當史蒂夫‧巴倫開始製作《比利‧珍》的音樂錄影時，麥可已經有了更為成熟的想法。而流行之王也因此進入了他的全盛時期。在這部花費了十五萬美元製作的MV中，麥可以一個具有魔力的被跟蹤者的形象出現。這是一部具有多重歷史意義的音樂短片。它是第一批在MTV電視頻道播放的黑人藝人音樂錄影（在MTV台最先播放的750支MV中，只有3%是黑人藝術家的作品），也讓麥可成為第一位登上MTV電視頻道的黑人明星。該片在為黑人藝術家進軍音樂錄

名的導演馬丁‧西科塞斯被傑克森挖來擔任《真棒》錄影的導演。麥可在這部MV裏扮演一個離家到私立學校讀書的年輕人，這個人以前曾是一個混混。當他回家時，同社區的混混同伴試圖讓他相信搶劫一個廢棄停車場老頭是件很拽的事。傑克森阻止了他的同伴，放走了這個準受害者。之後麥可同一群舞者表演了這首歌曲，告訴同伴，你會看到這真的真棒。事實上，麥可‧傑克森從一個年輕人的真實經歷得到了該曲的創作靈感。這個名叫艾德蒙‧佩瑞的年輕人在學校放假回家期間遭到以前同伴的殺害。當然，傑克森在MV中沒有死。他反映街頭暴行、警醒世人的做法，影響了後一代藝人的MV製作。

《真棒》恐怕是傑克森拍過的最直接而坦率的MV。一身黑色皮衣的他率領著他那一夥頑劣同黨橫行在紐約的地鐵站。《真棒》和《避開》驚人地相似，唯一不同的是傑克森這次將自己從膽怯的局外者提升到混混頭領的地位。MV最大的弱點在於無論傑克森如何努力，他的「壞形象」始終無法讓人信服。

接下來，傑克森還拍攝了《你給我的感覺》，腰間繫一條白色腰帶的他向舞王弗雷德‧阿斯泰爾致敬。毫無疑問，這是傑克森最性感的音樂錄影之一。此外，傑克森還有拍攝喚醒世界對不幸人們的關心意識的《鏡中人》和搖滾風十足的《賣弄風情的戴安娜》，但他在1988年的終極製作《月球漫步者》則把他對音樂錄影帶的詮釋推向了又一個高峰，其中長達40分鐘的《犯罪高手》一段，是傑克森滿足關於其外星人和變形金剛幻想的一次大體驗，其中，身著白色西裝、頭戴白色軟呢帽的傑克森領著一群三〇年代風格裝束的匪徒及娼妓歌舞，傑克森首次充分挖掘出自己肩部無窮而非凡的彈性。而孩子氣地反擊小報媒體的短篇MV《別打擾我》，則拿下了翌年的葛萊美獎。

依然還是先鋒

　　進入九〇年代，麥可・傑克森依然還是錄影先鋒。《黑或白》再度請來老搭檔約翰・蘭迪斯執導。該片於1991年11月14日在全球27個國家同時首映。估計總共有5億人收看，創下了MV收視率的最高紀錄。首映後僅幾個小時，該MV便登上了世界各地的頭條新聞。MV中的暴力與暗示性的鏡頭引發了一場評論界風暴。父母們對麥可在後半部分砸玻璃的暴力行為及模擬手淫的行為感到尤其不滿。麥可的發言人事後解釋說麥可的舞蹈部分只是想描繪詮釋出黑豹的狂野及獸性。最終麥可同意將最後四分鐘刪減掉並發表了一項聲明。但該MV引起轟動的不僅是最後的黑豹部分，還包括在MV中首次運用的「變臉」特技。在此之前該技術只在兩部電影（《風雲際會》和《魔鬼終結者2》）中運用過。

　　該片以《小鬼當家》的主角麥考利・克金用吉他超大聲量炸飛了他的父親開場。之後我們看到麥可與非洲土著跳舞，隨後場景轉換到泰國、北美西部……麥可以他獨特方式跳轉了大半個地球。最有趣的是他和一個美麗的印度舞女的鏡頭，舞女優美的舞姿和麥可自身的舞蹈非常契合。有那麼一個魔力瞬間，你甚至會猜想他們倆之間會有一點浪漫的事發生。但他卻很快飛往俄國和一群哥薩克男子跳起了踢腿舞……最後我們看到了著名的「變臉」部分。之後我們又被拉到了現實——拍攝現場。一架攝影機捕捉到了麥可獨自閒逛的鏡頭，我們看到他變成了一頭黑豹，偷跑出攝影棚，潛入街區。

　　《黑或白》第一部分似乎要向我們展示「清白」的一面——總體上一個為社會接受的麥可・傑克森。而第二部分則要揭示一個

圖源／CFP

「黑暗」的、反社會的麥可‧傑克森。這個部分達到了一石激起千層浪的效果——它引起了巨大的爭議。隨後，該段從電視臺播放中被刪除，但仍然出現在之後發行的MV版本中。無論結果怎樣，傑克森喜歡被別人認為比過去更富爭議。

這段MV鼓勵人們相信即將看到一個純正的傑克森。他在夜晚的街上跳舞……沒有配角，沒有伴舞，沒有和聲，甚至沒有背景音樂！事實上我們還是看到了不少特技的運用——誇張的聲效，照相的窺門以及煙霧製造器。真實感喪失殆盡。更糟的是，傑克森的舞步幾乎是無目的、不定型的狂奔。我們最後領略到的則是多次抓襠的動作。傑克森已經因在現場表演抓襠而聞名，但直到那時他還沒有在螢幕上用過多少次。在他過去很多MV中他經常用衣袖擦拭鼻子。這個動作既不符合美學的定義也算不上具有色情性質。希臘人將這類舉止稱作「舞臺破壞」——意思是提醒觀眾他們所看到的一切都是不現實的，通過熱衷禁忌的舉止，提醒我們眼前看到的是個真實的人，而不是戲劇中的人物。

當然禁忌的舉止已經成為搖滾樂史上最重要的部分之一。從貓王搖晃的骨盆，到滾石樂隊的壞孩子形象，再到吉姆‧莫里森的南方人的暴露……傑克森在八〇年代的主要競爭對手瑪丹娜和普林斯在這方面要比他開放和過分得多。通過這次行為，傑克森要告訴他的父母他們再也無權干涉他，他不僅要給觀眾帶來刺激，還要告訴觀眾他才不在乎這一切。

如果你不喜歡抓襠的鏡頭，那麼沒關係，第二部分還有其他精彩的內容。傑克森砸毀了一輛塗滿種族標語口號的車，拔出方向盤並將它砸向寫著「三K黨萬歲」的玻璃窗，掀起一個垃圾桶投向一家商店的玻璃展窗，之後跑開站定在噴射煙霧的下水道蓋口上，開始瘋狂搓揉自己的身體。最後他撕碎自己的襯衫，裸露出自己瘦得只

剩排骨般的胸膛，飛速旋轉，落地跪倒在盛滿水的小泥坑裏，濺出水花多多，映襯著頭頂上飛濺的電絲煙花。

當浪漫而華麗的《記住那時光》和滿是挑逗和藝術感的《秘室》（In The Closet）播出後，傑克森開始在《自由高歌》裏和麥可‧喬丹打籃球。《七宗罪》、《搏擊俱樂部》的導演大衛‧芬奇則為傑克森拍攝了一部其含義至今都被在被歌迷爭論的神秘錄影帶《是誰？》（Who Is It）。《拯救世界》（Heal The World）的博愛鏡頭也深深刻在每個慈善踐行者的腦中。

然而1993年給麥可‧傑克森帶來了第一場噩夢，他被指控變童。最終庭外和解後，歌王試圖用一個宏大的音樂計畫來重塑自己的名望和威風。在導演盧伯特‧韋恩萊特執導的《歷史》專輯宣傳片中，傑克森帶領軍隊邁進東歐的布達佩斯的鏡頭，以及巨型雕像的揭幕鏡頭由於涉嫌法西斯主義和個人崇拜而備受爭議。有人直指他在模仿納粹宣傳片《自由的意志》。但正如後來他在戴安‧索耶的電視採訪中所說的那樣：「好啊，我就是想引起人們的注意！」實際上，這不過是一部藝術作品而已。

傳奇永存

1995年初，麥可砸下700萬美金，和妹妹珍妮‧傑克森合作了《尖叫》，這部史上製作費用最昂貴的音樂錄影，每分鐘都在燒錢。它以不尋常的視角重新審視巨星的煩惱，珍妮和麥可駕駛一架酷似一隻巨大的電腦滑鼠的太空船。世界被他們踩在腳下。他們什麼也不用想，只要忙著裝酷、遊戲以及爭搶電玩遊戲的控制權就行了。珍妮在MV裏做了很多驚人的舉止：擠壓自己的乳房，像男人一樣做出站著小便的姿勢，另外還向我們伸出了中指！而一向無節

制的麥可——在這裏則表現為猛烈毀壞一切物品，摔吉他、擊碎瓶子……麥可在天花板上舞蹈的那段是為了向舞王弗雷德·阿斯泰爾的《皇家婚禮》致敬。

在《歷史》專輯時期，傑克森也不遺餘力地拍攝了充滿童年幻想的《童年》，有妻子貓王之女麗莎出鏡卻依然備顯孤獨的《你不孤單》，震撼人心的環保大片《地球之歌》，以及爭議不斷的《他們不關心我們》，用慢鏡頭孤單徜徉的《莫斯科的陌生人》等等音樂錄影帶，給音樂錄影界留下了寶貴的遺產。

1997年，傑克森找特效大師斯坦·溫斯頓拍攝了一部長達39分鐘的《鬼魂》（Ghosts），這是史上最長的MV，並在戛納電影節上放映。該片故事由恐怖小說之王史蒂芬·金與麥可共同編寫。在片中，傑克森分飾六個角色，過足了戲癮。故事講述了一個愛搞惡作劇的神秘人的故事，他與孩子們有著深厚的友誼，並為他們表演魔法與歌舞；而迂腐的鎮長卻執意要把「不正常的」傑克森趕出鎮去。雙方終於發生衝突並進行賭賽：誰先把對方嚇倒，輸家就必須離開。傑克森隨即召來了一群鬼魂助陣，在眾人面前「群魔亂舞」，最終贏得了鎮民歡心，趕走了居心叵測的鎮長。本片可以被視作《顫慄》的續篇，而特技和舞蹈則更勝一籌。除了藉機嘲諷媒體、強調隱私外，傑克森再次在自己幻想的世界裏玩得不亦樂乎。這部世界上最長的音樂錄影本想闡釋的是「不要在了解一個人之前妄加判斷」的道理，卻最終還是淪落為一部好萊塢式的空泛之作。除了舞蹈與特技吸引人眼球外，片中古典而哥德的服裝與布景也是值得稱道之處。作為一部音樂錄影，它是歌迷必藏的上乘之作，但作為一部電影，它則再次成為了麥氏色彩濃重的個人秀。

進入21世紀，傑克森的先鋒感漸漸消失。2001年，因為索尼音樂公司和傑克森的矛盾，拒絕出資800萬美元請梅爾·吉勃遜執導

《堅不可摧》，傑克森也就湊合了一部《天旋地轉》作為首發MV，該片再次演繹了「英雄救美」的老套橋段。劇中刻意安排成復古式的幫派混雜賭場，還特別請來了電影教父馬龍·白蘭度坐鎮飾演不折不扣的幫派老大，在劇中顯得神秘又有分量。麥可在裏面的扮相和舞蹈有一些1987年《犯罪高手》的味道，顯得毫無創意。傑克森在該片中還展現了部分新舞步，但卻因試圖用呢帽蔽臉而招致評論界和歌迷的紛紛猜測。

2009年6月，傑克森在舉辦「This Is It」倫敦演唱會前夕，一直在專心製作一部名為《天幕投影》（Dome Project）的完美傑作，這也可能是流行之王完成的最後一部錄影。顯然傑克森是準備通過運用高科技3D影像技術來讓屆時所有在倫敦觀看演唱會的人大吃一驚，「這將是史無前例的特效，」提供3D攝影技術的公司這樣說道。如果幸運的話，我們將在未來看到這部傑克森最後的也是最有突破性的音樂錄影帶。

鏡中人生

下篇

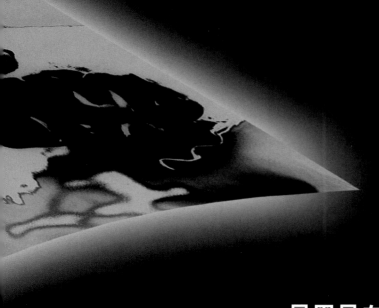

是黑是白

世上最愛美的男人

　　如果好萊塢整過容的人都去度假，那麼這裏會成為一座死城。

——麥可·傑克森

　　他愛米開朗基羅，他愛藍天白雲，他愛遁世一角的田園風光……他是一個熱愛美好的人。他也在想盡辦法，讓自己成為自己心中滿意的對象，讓自己成為令整個世界滿意的對象，這樣，他才能感覺到自信，觸碰到被愛的感覺。然而走向極致的時候，往往事與願違。

　　從二十世紀八〇年代中期到九〇年代初期，人們驚異地見證了麥可·傑克森外形的神奇轉變：從《顫慄》時代還是黝黑的皮膚，到《真棒》中已經如同拉丁美裔般的棕

色皮膚，再到《危險》的後期，麥可的皮膚已經變得比白人還白。同時，人們也注意到，其實從《瘋狂》這張專輯開始，麥可的容貌就與傑克森五兄弟時期相比慢慢發生了很大的變化。特別是他的鼻子，已經從典型的非洲裔的寬鼻翼，變得又細又尖。

根據各種八卦小報的說法，在一次跳舞時傑克森意外撞傷了鼻子，於是1979年5月，他首次對鼻子動刀。除了無數的鼻部護理外，據報導，傑克森還把染料注射到他的眼皮裏（永久性避免搽眼線膏的需要），在下巴割一道裂縫，拉了幾次面皮，從兩頰抽出脂肪。他的上唇變得更薄，並在兩頰和下巴移植骨頭，從而令他的面部輪廓更加分明。他消除了額頭的皺紋，令皮膚更加光滑，修高了眉毛，也進行了幾次眼部手術以去除眼袋和魚尾紋。

與此同時，許多關於傑克森的駭人聽聞的傳言也接踵而至。比

如他對小孩子尤其偏愛，喜歡穿奇裝異服出門，睡氧氣艙，把猩猩和蟒蛇當作自己的寵物，並把自己的莊園裝飾得如同童話人物彼得‧潘的家。麥可似乎並不理會這些傳聞，繼續我行我素，甚至創下了明星十多年未接受正式電視採訪的紀錄。直到1993年，在《危險》專輯發行後，麥可才首度接受著名主持人歐普拉的電視專訪，並創下了有史以來電視採訪的最高收視率。在採訪中，麥可回應說，睡氧氣艙等等都是小報不實的傳聞，而他的皮膚變白是因為患了皮膚顏色失調症，即「白癜風」，至於整容，那也不過是兩次在鼻子，一次在下巴而已。

但是，並不是所有人都相信他的話。有人依然有疑問：如果真的是患了白癜風，那麼為什麼我們極少見他膚色不均的照片？因為白癜風患者的膚色常常有明顯色差，如是黑人患有此病且病情嚴重的話，外在形象更該是如同「乳牛」一般。

答案只有一個：處女座的麥可‧傑克森是個無可救藥的完美主義者。由於他太愛美，他不願意把自己不完美的一面展現給世人和歌迷，所以他總是用濃妝掩蓋自己不均的膚色。而一些在「真棒」、「危險」、「歷史」等巡演中近距離接觸過麥可的歌迷和工作人員都提到過，在男歌手裏，麥可的妝，濃得過分。事實上，不光是他的歌迷和工作人員沒見過他完全卸妝的樣子，就連他的枕邊人，第一任妻子，貓王的獨女麗莎‧瑪莉離婚後在採訪中都表示，她自己也從未見過麥可卸妝後的真實模樣。

據傳記作家 J‧蘭迪‧塔拉博雷利在英國《每日郵報》的文章透露，傑克森與麗莎‧瑪莉夫妻生活美滿，傑克森更是非常熱情，但他與麗莎親熱前，必先衝入廁所化妝。據作家說，麗莎婚後從未見過傑克森沒化妝的臉，他早上起來時，枕頭上全是化妝品。她試過比他早起，叫他起床，但傑克森會尖叫「不要看！」，然後衝進廁

所，可見其不能容忍被人看到不均勻的膚色。

麥可的愛美和完美主義也表現在他平時和舞臺上的穿著打扮上，舞臺上的他總是偏愛炫目的裝扮，並因此顯示著與別人的不同。鑲滿了水晶和萊茵石的手套和色彩絢麗的演出服，時常與麥可一起出現在舞臺上。而各種各樣閃閃發亮的外套，永遠都是麥可參加頒獎典禮的最愛。

時尚設計師和時尚雜誌也常常願意免費贈送高檔服裝給傑克森試穿，因為倘若哪天他真穿著上街了，無疑就是一場免費的廣告。前段時間 Ed Hadry、巴爾曼、紀梵希等品牌就主動給他送去了還沒上市的潮流服裝。而麥可・傑克森天生就有近乎完美的身材：寬肩長腿，非洲裔特有的翹臀，從小習舞更是讓麥可多年始終保持著修長苗條的身材和線條，這些在精美貼身的演出服的襯托下，伴隨著麥可動人的舞姿和歌聲，常常令眾多女粉絲如癡如狂。

哪怕是在最黑暗的2005年變童案審判時期，麥可・傑克森也堅持每天穿著一套幾乎不重複的精緻西服，外加佩戴閃亮的各式徽章，出庭應訊。那時，媒體都把這看作麥可的時裝T台。可以看出，即使在承受著身體和心靈雙重打擊的巨大壓力下，這個愛美的男人依然注重自己的外形和衣著。

不過遭人詬病最多的，還是他那個「世界上最著名的鼻子」。不少人都開玩笑說，如果哪天看到傑克森本人，一定要看看他的鼻子是不是真的，會不會掉下來。然而玩笑歸玩笑，在痛苦的整容手術背後，是一段來自童年時代的悲慘記憶：父親對他和兄弟們十分苛刻嚴厲，稍有不慎就拳腳相加，孩子們很難感受到父愛。這也與他們的母親仁愛溫柔、篤信上帝的形象形成了很大反差。以至於這次歌王去世，在他2002年訂立的遺囑中，麥可沒有給老父親留下一分遺產。

正是因為有了一個和父親一樣的鼻子，麥可從小就被父親取笑。於是在麥可長大後，他是那麼地討厭甚至憎惡自己的父親，說什麼也不願看到鏡子中的自己與父親有什麼關係。因此，他對鼻子大動手腳也就不足為奇。到八〇年代後期，麥可·傑克森的模樣已經跟父親毫不相似。其實在他的成長過程中，也不只是父親對他造成過影響。在難熬的青少年歲月裏，他的青春痘被親戚恥笑，他長大後不再「可愛」，也被一些粉絲嫌棄。自尊心和愛美心極強的他躲在一旁哭泣，不敢見人。由於這些少年時代的心理陰影，傑克森也被解讀為一輩子都在找尋被愛的感覺，卻從來無法滿足。

再後來，隨著白癜風、整容和逐漸老去的交織影響，傑克森的形象在視覺上終究還是發生了相當大的改變。由此他成為了世界上無數八卦報刊的奚落對象，也是人們茶餘飯後諷刺嘲笑的話題，更當仁不讓地成為了整容的反面教材。有人甚至調侃說，那是一張「超越種族、性別和人類極限的科學怪臉」。

儘管始終都有粉絲會以髮型和拍照角度不同為由來為麥可·傑克森的形象辯解，但縱觀其容貌變化的歷程，實際上人們看到更

多的，還是一個成長過程中的悲哀故事。或許傑克森至今也沒有明白貪婪而失控的傳媒和大眾為何把他逼進角落，但就如他在歐普拉節目上反問的那樣：「如果好萊塢整過容的人都去度假，那麼這裏將會成為一座死城⋯⋯可為什麼人們要獨獨針對我呢？」

人們可以對整容抱有不同的態度，或熱衷，或不屑，或容忍，但無論如何，這是一件極個人的事。如果他真的是為了美，為了高挺的鼻子，為了白色的皮膚而整容，我們是否可以寬容他？是否可以依然愛他？

傑克森的另一面：精明的商人

「那天他就坐在那裏，望著我，彷彿從來不認識我一樣。」史都華·貝克曼這樣描述麥可·傑克森。他曾擔任過一段時間的傑克森發言人，但最終分道揚鑣。

貝克曼似乎想證明傑克森對藝術和音樂之外的事情並不上心，但有時並不能根據表面現象判斷傑克森的精神狀態。傑克森在多次接受採訪時表示，除了藝術家的身分之外，他更希望人們記得他還是一個企業家。

企業家？人們可能從來不會想到。儘管十來歲的小麥可每個月手上就有十幾萬美元隨便花，並被人稱作孩子身體裏的成年人，但傑克森真正在商業上的建樹，還是他在音樂版權的投資上。現在他是世界第三大音樂出版公司50%股權的擁有人，所以也是權傾音樂界的超級大佬。

1986年，麥可·傑克森花費4750萬美元高價買下了ATV的歌曲版權目錄，其中包括超過250首披頭士樂隊歌曲的版權。當時傑克森正因《顫慄》專輯的暢銷而叱吒風雲，賺到的上億美金拿在手裏

也想不出該怎麼花掉。他的親信律師約翰‧布蘭卡甚至建議他買下一棟索尼音樂公司在美國的大廈作為房地產投資，但傑克森不感興趣。「他更對音樂版權感興趣，因為他的朋友保羅‧麥卡尼告訴他音樂版權可以為他帶來源源不斷的收益。」布蘭卡回憶說。

當聽說披頭士樂隊歌曲版權上市待售後，他立刻指示律師行動，並首先給前披頭士樂隊成員保羅‧麥卡尼和約翰‧藍儂的遺孀小野洋子打電話，確認他們是否有意競購，但前兩者都因覺得價格過高而選擇放棄。然後傑克森又找到哥倫比亞唱片公司老闆沃爾特‧耶尼科夫諮詢。「要4500萬美元左右，價格太高，需要謹慎考慮。」耶尼科夫說道。

但傑克森對披頭士音樂的渴望讓他失去了謹慎和耐心，最終他一舉拿下了這套音樂版權。歷史最終證明，這是傑克森此生最明智的一次投資。「現在這些歌曲版權價值已經戲劇性地增加了。他沒有採納我的建議是正確的。雖然有的時候他看起來很隨意，但麥可的商業頭腦真的很厲害！」耶尼科夫說。

當1995年，麥可為了價值增長的需要，把手上這套最珍貴的音樂版權與索尼音樂公司的出版部合併後，一切便起了滾雪球的效應。合併後，索尼音樂公司當即就付給了傑克森一億美元的交易酬金。實際上，在1993年，傑克森就將手下的ATV發行公司的曲目管理權由環球音樂公司轉交給EMI百代音樂發行部主理，據報導傑克森從中獲利二億美元！

其實，在完成這項合併協定之前，索尼音樂公司的高管保羅‧拉塞爾就處於兩難的境地，一方面他深知傑克森手上版權的珍貴性，另外一方面，索尼的日本母公司，還從來沒有以一個公司的名義來和一個個人做這種程度的合併。大公司和大公司之間的合併很正常，但大公司和傑克森的合併就很罕見，拉塞爾甚至不敢確定索

尼日本母公司是否會同意這個提議。然而最終，日本方面還是同意了。

這些舉動過後，傑克森不再只是一個唱歌跳舞的人——他變成了音樂界最有權勢的人之一，須知除了披頭士，從貓王、瑪丹娜、綠洲樂團、鮑伯‧狄倫到近十多年來的瑪利亞‧凱麗、席琳‧迪翁、諾拉‧瓊斯等等超級頭牌明星的75萬首歌曲的版權，都歸屬於索尼/ATV出版公司的控制之下，而索尼/ATV出版公司又是由索尼音樂和傑克森對等控制！這些明星們的作品所賺取的金錢，有超過一半的比例要分給索尼/ATV出版公司，再對等分給索尼音樂和傑克森，傑克森每年從中都能獲得數千萬美元的收益。這個出版公司的曲目庫，據行家估計，價值已超十億美元。2005年，傑克森的辯護律師甚至在審判庭上告訴法官說，這套版權價值可高達五十億美元。

同時，傑克森還擁有自己所有的歌曲版權，並統一歸在他的Mijac 出版公司旗下，由華納/查普爾公司管理。這套歌曲版權庫，價值二億～三億美元，而索尼音樂公司只幫助合作發行他的歌曲，並控制著作品母帶權。

在現在實體CD越來越不好賣，網路盜載日漸猖獗的時候，音樂出版業成為了音樂產業裏唯一賺錢的行業，因為付費下載、現場演出、電臺廣播、電視節目、電影插曲、卡拉OK……任何用得上音樂的地方，都必須交納版權費。

傑克森於八〇年代買下ATV歌曲版權的舉措，無疑聰明而大膽，經事實證明，也是非常成功的，但他的噩夢也由此開始。他當時在競標中贏過了保羅‧麥卡尼，也激怒了這位前披頭士樂隊的主唱和很多音樂工業內的大玩家。當一個藝人或一個公共人物在奢耗金錢或購買了一些不值當的產業後，那些人就會安然坐在一邊哈哈

大笑，並稱其為傻瓜。麥克・泰森、M.C. 漢默，以及無數其他的白人或黑人藝術家都歸此列。但當一個藝人足夠聰明地進行了這樣一筆價值連城的購置後，許多人因此憤怒了。

批評也立即出現了。輿論說他是從保羅・麥卡尼那裏「偷來了」版權，說他往朋友背後捅刀子，說他批准拿披頭士樂隊歌曲去打廣告就是「褻瀆」了那些珍貴的歌曲。那時，「古怪傑克」的外號也出現了。當保羅・麥卡尼爵士購買了其他藝術家的音樂版權時，這樣的批評出現過嗎？當保羅・麥卡尼拿別人的歌曲去打廣告時，這樣的批評出現過嗎？沒有，他反而因為他的商業頭腦而得到了讚揚。但是麥可・傑克森購買ATV版權使他成為了一個繼他的良師益友摩城唱片老闆白瑞・高迪之後，在音樂界甚至整個商界擁有

在他的自傳《月球漫步》中談到一首叫做《她走出了我的生活》的歌曲時，他曾這樣說道：

那首歌就是為我而寫的。我很難避免不被和我約會的女友欺騙，雖然我也還算是了解她們的。我和女孩們的約會以及和她們的關係，結局都沒有遂了我的心願，總有些什麼東西在礙事。我的遭遇，和千萬人的不幸一樣，不是你和你的情人所享受到的那樣幸福。有許多女孩想知道，是什麼原因使我變得在女孩面前躊躇不前，為什麼我生活這樣孤獨。

她們想看透我的心思。她們想把我從孤寂中拯救出去。可是她們行事的方式卻給了我一種印象：她們想分享我的孤寂。她們一點也不要別人像我一樣孤寂！

在世人的眼裏，麥可‧傑克森可以是天才也是怪人，是明星也是隱士，媒體可以給他冠以無數的頭銜和名號，但在他許多的Fans心中，他只是個孩子，被傷害得很深的孤獨的孩子，一直都是。

　　為什麼要選擇「Fans」這個詞而不是傳統的「歌迷」呢？

　　因為這當中的許多人甚至不是因為他的音樂或者舞蹈而愛上他，而是被他的內心世界所打動，被那份深沉的孤獨所打動。

　　如果你不信，你可以去看伊莉莎白‧泰勒，或者戴安娜‧羅斯，或者瑪丹娜。許多女性Fans就和這些時代女性一樣，著迷於這個永遠長不大的「男孩」。這種愛不是出於兩性之間的性幻想，而是出於一種近乎母性的保護欲般的愛憐和寵溺。在她們的心中，麥可是明星，是王者，更是孩子，越強大則越易碎，越成功則越易受到傷害。

　　殘缺的童年、特殊的職業、沉重的壓力，過早步入社會和業界，使他看到了太多大千世界的形形色色，過早接觸了太多不屬於其年齡層次的事物，使得這個在舞臺前熠熠發光的孩子過早學會如何用成人的外表和手段來包裹自己，即使他的笑容中依然滿是稚氣。

　　「我知道應該如何保護自己，我有犀牛一般的皮膚。他們不能傷害我！」

　　他一邊在採訪中這樣表示著自己的堅強，一邊又表現出內心難以掩飾的孤獨。

　　有心理學家表示：一個外表堅強的人實際上擁有更加脆弱的內

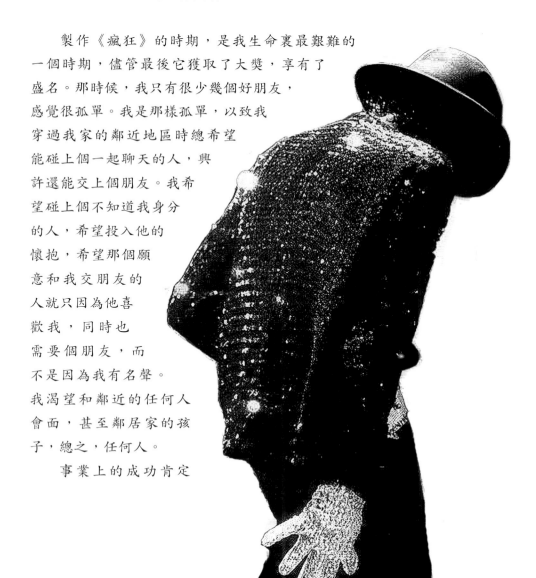

心，他們之所以表現得堅強，實際是為了避免外界對自己的傷害。

盛名的光環往往意味著更多的「痛苦」與「犧牲」。當你成為名人的時候，就意味著你無法像普通人一樣社交，你無法自由外出、購物、上飯店吃飯、和朋友一起去看電影……你甚至連一個正常的固定電話號碼都不能有！

更何況他是麥可·傑克森。

　　製作《瘋狂》的時期，是我生命裏最艱難的一個時期，儘管最後它獲取了大獎，享有了盛名。那時候，我只有很少幾個好朋友，感覺很孤單。我是那樣孤單，以致我穿過我家的鄰近地區時總希望能碰上個一起聊天的人，興許還能交上個朋友。我希望碰上個不知道我身分的人，希望投入他的懷抱，希望那個願意和我交朋友的人就只因為他喜歡我，同時也需要個朋友，而不是因為我有名聲。我渴望和鄰近的任何人會面，甚至鄰居家的孩子，總之，任何人。

　　事業上的成功肯定

會帶來孤寂感，這是真的。人們都以為你非常幸運，世上的一切你都不缺。他們以為你可以自由自在地想去什麼地方就可以去，想做任何事情就可以做。這都想得不對頭。你沒有想到，他竟會為人的基本的需要而饑渴。

——摘自傑克森自傳《月球漫步》

著名的「馬斯洛需求理論」把人類的需求分成五個層次，由低到高分別是：生理需求、安全需求、社交需求、尊重需求和自我實現需求。按照人類社會的正常發展規律來說，一個人對這五種需求的渴求應該是循序漸進的，很顯然，這個順序在麥可‧傑克森身上被打破了。

他的財力能讓他在任何時間做他任何想要做的事。

在記者馬丁‧貝索廣受關注的紀錄片《麥可‧傑克森大追蹤》中，我們看到了傑克森在拉斯維加斯瘋狂購物的情景。

「我說的這次購物之旅更像一家跨國公司為它世界各地的辦公室買傢俱一樣。滿是奢侈品的拉斯維加斯購物中心幾乎不能相信他有這麼多財富。就我看來，那購物中心的老闆簡直可以在傑克森這次短暫的購物後立刻退休，安享餘生。」馬丁‧貝索這樣描述著。

但是，這個世界上也有財富買不了的東西。

無疑，麥可的財產和地位可以使他在自我實現的層次上滿足到極致，但在安全、社交和尊重這樣相對更低、更基本的需求上，則少得可憐。

他的童年沒有太多的快樂。他的純真在很早的時候就被殘酷的現實所摧毀。

父親的陰影籠罩著他，不管是童年時手持皮鞭的訓練，還是青春期時對其容貌的尖刻嘲笑，這無疑對他的性格成長造成巨大的影響。在舞臺上，他自信而完美，光彩照人，而在舞臺下，他甚至連

多麼好，多麼棒，總有些尖銳而刻薄的人竭力想把你搞垮。而你全部想做的僅僅是帶來些愛和歡樂，要知道——僅此而已！」

媒體世界中的麥可‧傑克森是一個悲劇。當他初露鋒芒的時候，他們瘋狂地追捧他，把他捧成舉世無雙的巨星，當他陷入困境的時候，他們則瞬間無情地拋棄了他。然而，即使如此，他仍是媒體眼中的寵兒，因為他是麥可‧傑克森。無論看起來多麼荒誕的消息和故事，無論是變童、睡氧氣艙、漂白皮膚，只要掛上他的名字就一定能大賣，而且一定會有人信，因為他是麥可‧傑克森！……

即使是在他去世後的幾天中，這樣那樣的各種消息也是紛然而至，人們不禁問：「到底什麼才是真相？！」

人們到底要到什麼時候，才能看到在這五光十色包裹下的那個真正的靈魂？

不管怎樣，當我到了舞臺上，那又是另外一回事了。我一演出，就失去了自己，完全被臺上的氣氛所控制，我可以什麼都不想，我在跨上舞臺的一瞬間就知道我要去做什麼。我喜歡在臺上的每一分鐘，在舞臺上我實際上是輕鬆的，完全放鬆。

——摘自麥可自傳《月球漫步》

「如果可以的話，我寧可睡在舞臺上。」

這個害羞的大男孩曾經這樣描述著他心愛的舞臺，只有在舞臺上，他才是完全自由的，只有在舞臺上，他才能無所畏懼。

一旦離開了舞臺，他便立刻為自己豎起厚厚的障壁，用孤獨的外衣把自己包裹起來。

當表演開始的時候，整個世界只剩下頂燈照耀下的他。

但是，這一次，表演還沒有開始……

夢幻國度：十二歲的大男孩

　　麥可‧傑克森的朋友說，他是一個心理年齡停留在十二歲的大男人。大家叫他麥可。

　　麥可五歲出道，十歲成名，十二歲就擁有冠軍曲，卻從未享受過普通人都擁有的童年。

　　然而在他心裏，一直住著一個彼得‧潘。他把自己想成彼得‧潘，並建造起一座夢幻莊園（Neverland，《小飛俠》中的夢幻島），讓孩子們在裏面盡情遊玩，以彌補自己童年的遺憾。

　　他每年為這個莊園花費幾百萬美元，卻兩度遭遇兒童性騷擾案並為其受困半生。這對於一直懷有童年之夢的麥可，無異於最大的傷害。

　　人們的流言只會讓夢幻莊園一時蒙垢，正如那些對麥可的各種誤解和污蔑會隨時間而流逝，真相終會大白

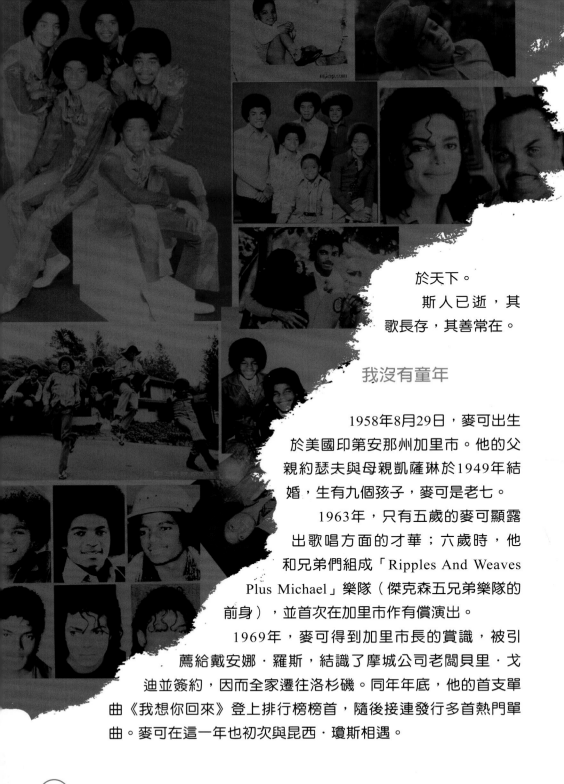

於天下。

斯人已逝，其歌長存，其善常在。

我沒有童年

1958年8月29日，麥可出生於美國印第安那州加里市。他的父親約瑟夫與母親凱薩琳於1949年結婚，生有九個孩子，麥可是老七。

1963年，只有五歲的麥可顯露出歌唱方面的才華；六歲時，他和兄弟們組成「Ripples And Weaves Plus Michael」樂隊（傑克森五兄弟樂隊的前身），並首次在加里市作有償演出。

1969年，麥可得到加里市長的賞識，被引薦給戴安娜‧羅斯，結識了摩城公司老闆貝里‧戈迪並簽約，因而全家遷往洛杉磯。同年年底，他的首支單曲《我想你回來》登上排行榜榜首，隨後接連發行多首熱門單曲。麥可在這一年也初次與昆西‧瓊斯相遇。

　　1971年，摩城公司為麥可發行首支個人單曲《收穫》（Got To Be There），取得第四名的成績。

　　1972年，發行首張專輯《本》，並產生同名冠軍單曲。此時的麥可，只有十四歲。

　　麥可成長於音樂家庭，他的父母熱愛音樂，父親更是擅長於此。爸爸和叔叔們成立了樂隊，名為「獵鷹」，經常自彈自唱一些布魯斯搖滾樂。這樣一種家庭氛圍，培養了孩子們的音樂素養，直到後來成立了

「傑克森五兄弟樂隊」（後更名為「傑克森家族樂隊」）。

麥可還在上幼稚園的時候，就經常模仿別人的表演。他用童聲模仿別人的聲音唱歌——他一開口唱歌，爸爸和哥哥們就會靜靜地傾聽。在跳舞方面，小麥可則總是無師自通地懂得該怎樣跳。

上一年級時，麥可參加了一次全校演出，他穿著黑褲子和白襯衫，演唱了電影《音樂之聲》中的插曲《攀上每座高山》（Climb Every Mountain）。唱完之後，整個禮堂沸騰起來，掌聲雷動。人們面帶笑容，許多人還站起來為他鼓掌，他的老師則一個勁兒地喊叫。

對於小麥可來說，唱歌就像呼吸一樣自然。他從小就開始唱歌，他的全部精神生活都融化在了音樂的世界中。

麥可接受的家教十分嚴厲。父親經常教訓孩子們，在待人接物、舉止禮儀上，他和兄弟姐妹們都被教育得謙恭有禮。他們從不像別的孩子那樣，會有頂撞父母或者撞開房門的行為。

媽媽曾對小麥可說，他唱歌、跳舞的才能就像美麗的日落，就像暴風席捲來的能供孩子們嬉戲的瑞雪一樣，都是上帝的恩賜。在一次電視節目中，主持人埃德·沙利文私下對麥可說，永遠也不要忘記你的才華是從哪兒來的——你的才華是上帝的恩賜。諸如此類的影響，使得麥可自始至終都是一個虔誠的教徒。也正因為如此，當他在夜總會等場合演出，遇到形形色色的人時，沒有被一些不良現象帶上歪路。

麥可過早地開始了明星生活，他不停地參加演出，到各種地方唱歌、跳舞，生活在一個成年人的世界中。這令他完全享受不到普通孩子擁有的童年生活。

在摩城唱片公司錄歌的時候，馬路對面有一座公園，經常有孩子在裏面玩耍。小麥可會充滿好奇地看著那些孩子，滿心羨慕和嚮

往，此時他對這種自由的渴望超出了一切。這是他童年的傷心時刻。

因此，麥可一直感到很寂寞。對童年生活的渴望使他覺得自己心裏一直住著一個孩子。麥可在歌曲《童年》中用歌詞講出，他在別人眼裏古怪的行為，其實僅僅是在嘗試彌補從未享受過的童年。

2001年3月，麥可為「拯救兒童基金會」在牛津大學進行了一次演講。在演講中，他不無感慨地說：

大家都有過童年，可我卻缺少它，缺少那些寶貴的、美妙的、無憂無慮嬉戲玩耍的時光，而那些日子我們本該愜意地沉浸在父母和家人的疼愛中，為星期一重要的拼寫考試下工夫做準備。熟悉傑克森五兄弟樂隊的朋友都知道，我五歲就開始表演，從那以後，就再也沒有停止過唱歌跳舞。

雖然音樂表演的確是我最大的樂趣，可是小時候我更想和其他的男孩子一樣，搭樹巢、打水仗、捉迷藏。但是命中注定我只能羨慕那些笑聲和歡樂，我的職業生活不容停歇。

…………

前些時候，我有幸遇到了三四十年代的一位童星秀蘭‧鄧波兒，一見面，我們什麼都不說，只是一起哭，因為她能分擔我的痛苦，這種痛苦只有我的一些密友，伊莉莎白‧泰勒和麥考利‧克金他們才能體會到……

曾有分析認為，麥可存在一定的心理問題。他的心理年齡和實際年齡之間存在很大差距，甚至有人認為，他的心理年齡只有十歲。導致這種狀況的一個重要原因，就是他缺乏真正的童年生活，不能適應成年人的世界。嚴厲的家教、無法像正常孩子一樣擁有童

年、從小就開始的超級明星生活，以及外界從未停止過的中傷和污蔑……在如此環境之下，不知道有誰能夠保持和普通人一樣的心理狀況。

難怪在麥可逝世的消息傳出後，他的前任經紀人萊文發表聲明，聲稱他對這樣的悲劇並不感到意外。他的聲明如下：

作為在第一次猥褻兒童案期間為麥可‧傑克森服務的經紀人，我必須承認，對於今天這樣的悲劇，我並不感到意外。

多年來，麥可的生活十分艱難，他一直在自我毀滅。他的才華無可非議，他給世界規範和準則帶來的不安也同樣無可非議。

一個人完全無法承受這樣的長期高壓。

所有這些長期、沉重的高壓，都壓在一個孩子般的大人身上。而他想做的，只是要找回自己不曾擁有過的童年，或者至少彌補這一缺憾，或者讓別的孩子不再有這種遺憾。

在《童年》的MV裏，麥可像孩子一樣坐著，在他上方，在夜空中，在雲彩的上面，孩子們坐在船裏，在天空中翱翔、遊玩。

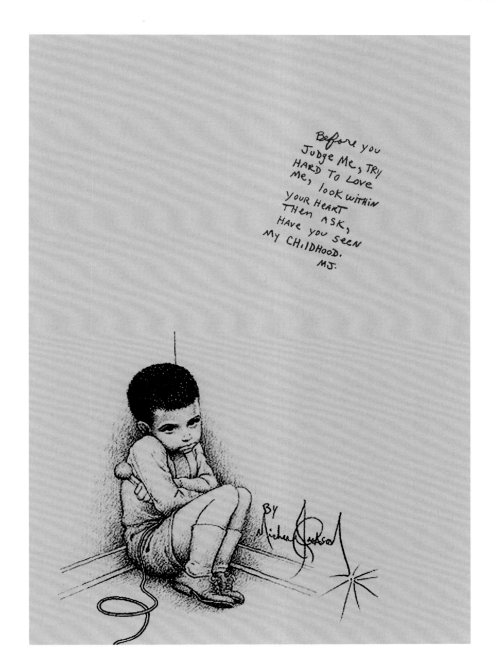

Before you Judge Me, TRY HARD TO LoVe Me, look within YOUR HEART THen ASK, HAVE you SEEN MY CHILDHOOD. MJ.

Have you seen my Childhood？
I'm searching for the world that I come from
'Cause I've been looking around
In the lost and found of my heart...
No one understands me
They view it as such strange eccentricities...
'Cause I keep kidding around
Like a child, but pardon me...

People say I'm not okay
'Cause I love such elementary things...
It's been my fate to compensate,
for the Childhood
I've never known...

Have you seen my Childhood？
I'm searching for that wonder in my youth
Like pirates and adventurous dreams,
Of conquest and kings on the throne...
Before you judge me, try hard to love me,
Look within your heart then ask,
Have you seen my Childhood？

——摘自「Childhood」

你可見過我的童年

我正在尋覓自己生命的本源

因為我曾在身邊找遍

也陷入過心靈的得失之間

了解我的人仍未出現

人們認為我做著古怪的表演

只因我總顯出孩子般的一面

但請對我寬容一點

有人說我不正常很明顯

就因為我對簡單自然的愛戀

補償我從未有過的童年

卻是注定的命運

擺在我的面前

你可見過我的童年

我正在尋覓兒時的歡樂瞬間

比如海盜和征服冒險

寶座上的國王你是否也曾夢見

請試著喜歡我，在你對我做出判斷之前

審視你的內心，向自己發問

你可見過我的童年

——摘自《童年》

夢幻莊園：彼得‧潘的世界

我願我能夠在孩子的世界擁有一方淨土。

我知道，星兒會在那裏與他悄悄耳語；天空也會俯下身來與他遊戲，給他玩那傻乎乎的雲朵和美麗的虹霓。

還有那些似乎永陷於靜止中的故作沉默的人，他們悄悄爬到他的窗前，帶著故事和裝滿了託盤的漂亮玩具。

我願我能夠掙脫所有的束縛，暢行於孩子的心靈之路。

那是個沒有歷史的國度，任憑使者在君主間徒然穿行。

理智在那裏放飛法則的風箏，而事實則因真理而解脫，更為獲得自由而歡呼。

——泰戈爾，《孩子的世界》

在一次採訪中，麥可說：「彼得‧潘在我心裏佔有特殊位置，他代表著年輕、童年、永不長大；他懂魔法，又會在天上飛。他代表童年一切美好的事物，他在我心裏的位置從未變過。我不想長大，我是彼得‧潘。我心裏認為我就是彼得‧潘。」

每一個人在孩提時代心裏都有過一個彼得‧潘。隨著時間流逝，彼得‧潘逐漸在心中淡去，這是成長的無奈和人生的必然。

由於童年生活的缺失，麥可更加嚮往童年；他的這種嚮往，也讓他心中的彼得‧潘一直活著，沒有離開。

他也因此更加喜歡孩子們。他在孩子身上找到了友誼和靈感。

了麥可的住所，帶走了他所有的私人物品，包括錄影帶、磁帶、圖片、CD、書籍等，但沒有找到任何「罪證」。

　　警方詢問男孩時，他先是堅決否認麥可對他做過任何不合理的事情。後來男孩的父親向警方提供了男孩指證麥可的口供。男孩的父親是個牙醫，在錄口供的當天，他帶著孩子去拔牙，並且給孩子注射了一種鎮靜催眠藥阿米妥鈉。這位父親說拔牙的事只是個巧合，兒子就把事情供出來了。

　　起訴發生在聖芭芭拉，一個主要是白人中上階層居住的地方，儘管指控麥可的證據存在明顯漏洞，但是對這種民事案件，要想把官司打下去，結果不知道會怎樣，並且很可能拖上數年。在媒體煽風點火、審理有傾向性的情形下，個性脆弱的麥可選擇以2330萬美元庭外和解。後來曝光的男孩父親的錄音也證明，這次訴訟是有目的的敲詐。

在1995年一次全美直播的電視訪談上，麥可攜新婚妻子貓王之女莉莎‧瑪麗一同出現。被問到1993年的案件時，麥可堅決否認了該項指控。他強烈地譴責了男孩父親利用孩子誣陷自己並牟利的惡劣行為。事後，男孩父親又以麥可所述與事實不符再次提出訴訟，並索賠千萬美元。最後男孩父親敗訴。這次事件給麥可的心理和事業帶來了巨大影響。

十年後，相同的情節再次上演。

2003年，英國記者馬丁‧貝索騙取了麥可的信任，為其製作了一部長達100分鐘的紀錄片：《麥可‧傑克森大追蹤》，後來此片在全球播出。

在馬丁的採訪中，麥可十分難得地敞開了心扉。他相信了這個人。讓他沒有想到的是，剪輯完成的片子變得充滿誤導性。片中出現的男孩名叫蓋文‧阿維佐，患有癌症，他說麥可幫助自己戰勝了病痛。蓋文表現得與麥可十分親密，他與麥可握著手談笑，承認他與弟弟曾在麥可的房間過夜。麥可說，孩子們都喜歡在他的房間過夜，只要他們徵得父母同意，就可以過來。

片子用特寫鏡頭暗示麥可與男孩有不正常關係。雖然馬丁‧貝索在紀錄片中承認，他沒有看到任何麥可與男孩們之間不正常的事情，而且孩子們都很喜歡麥可，但他還是做了這種誤導性的處理。

紀錄片播出後，引起了極大爭議。洛杉磯「兒童及家庭服務部」因此特地去探訪了蓋文一家，問傑克森有沒有對這個蓋文做過什麼。蓋文一家當時極力否認，說麥可對待蓋文有如親生父親，絕沒有做過任何傷害他的事情。

然而幾個月後，也就是2003年6月，蓋文一家報警，說麥可「性侵犯」了蓋文。

警方接報後，卻沒有馬上採取行動，而是在五個月後的2003年

11月19日，對夢幻莊園進行了大搜查，並對麥可下達搜查令和逮捕令。這一天正好是麥可的新精選集《獨一無二》的發行日。

那就有必要說一下在這一特殊日期下達逮捕令的檢察官了。

負責本案的聖塔芭芭拉地方檢察官湯姆·史奈頓，可以說是傑克森的死對頭。他是負責1993年麥可變童案的地方檢察官。麥可在1995年《歷史》專輯中有一首歌《D.S》，正是暗罵湯姆·史奈頓的。1993年，原告對麥可的民事控告驚動了警方後，史奈頓以檢查證據為由，強迫麥可接受極具羞辱性的全裸檢查，不但錄影拍照，還派法醫去檢查他身體的每個部位。如果麥可不配合，則按認罪處理。「93變童案」以庭外和解告終，原告再也不肯指證麥可，這使史奈頓十分失望，為此他特意提議修改了當地的一項法律條文，即「兒童性案件」中的兒童受害者可以迴避上庭，但必須提供證據。

麥可在1993年案件中受到了極大的侮辱，於是，他寫了那首《D.S》，並把它唱得眾人皆知。從此，史奈頓與他結下「不解之怨」。當十年後另一個男孩的家人找到史奈頓時，他終於又有了機會。他開始一直沒有採取行動，而是在五個月後麥可新專輯的發行日，才找到治安官下達搜查令和逮捕令。

兩天後，麥可回應逮捕令，主動聯繫警方，結果還是被戴上手銬送進監獄。史奈頓給麥可開出了高達300萬美元的保釋金，而這是從未有過的龐大保釋金數額。

整個案件疑點重重，漏洞百出。然而，媒體卻對其進行了一邊倒的負面報導。不得不說，這是一次美國民主遭到踐踏以及媒體喪失公信的集體表演。種族主義者藉此對麥可進行大肆攻擊，而媒體更是為了吸引眼球不顧事實真相大肆渲染。

最終，麥可被證明是清白的，由十二位成員組成的保守陪審團（裏面沒有一個黑人）一致裁定，指控麥可的十項罪名均不成立。

但是，案件雖然結束了，對麥可的負面新聞卻從來沒有結束。變童案的影響一直延續著，他從2005年後不再住在夢幻莊園。

在這一事件中，並不是每一個人都被種族歧視沖昏了頭腦，或是被媒體的大肆渲染輕易愚弄。讓我們聽一下這次事件中支持者的聲音：

傳媒是吸血鬼，它們要吸乾你的血和淚。所以我不相信這個故事中所有的負面報導。我個人沒和麥可打過交道，我也不是一個瘋狂的歌迷。但我尊敬他的成就，希望他足夠堅強，能夠挺過去。

——金·凱瑞，喜劇演員

他的名氣，他有時天真的個性，他的仁慈，他的生活方式以及他身邊的小人，將他從一個災難帶進了另一個災難，因為大家都想從他身上撈取油水以填滿自己的錢包。到最後他被榨乾、一無所有的時候，他們就會拋棄他。作為一個藝術家，他是新一代的莫札特、貝多芬或巴哈……他們在世的時候都曾遭到攻擊。人們不理解他們，但直到他們逝去已久，我們才知道原因。在我們和他去世很久以後，他才會得到真正的尊重……而且不會被世人遺忘。永遠不會。我們應該感到高興，並感謝上帝讓我們看到了一個活的傳奇。人們總是把他和貓王、披頭士或法蘭克·辛納屈相比較，但世界上只有一個麥可·傑克森……兩百年後，人們會為今天所發生的一切感到羞愧……

——昆西·瓊斯，傳奇音樂人、製作人

你看，我們所有人都有可能遭受子虛烏有的指控，或許是有些人想要錢或別的什麼。於是它就發生了。現在，這個事情鬧得比其

他任何正常的指控都厲害，因為當你談到戀童之類的事情時，簡直就是犯了大忌。你永遠都不會想要遭到這種指控。麥可很可能正受到傷害，因為他對孩子們特別好。另外，你也不能在他被證實有罪之前就說他有罪。我記得每次我和他在一起的時候，他都是那麼好的一個人。我們只能靜靜等待結果。但是我了解傑克森家族，我了解麥可，我一如既往地支持他。

——「魔術師」強生，NBA著名球星

我和麥可見過幾次面。我想我現在最大的感受是——這裏是美國，任何人在被證明有罪之前都應該被認為是清白的。我們必須記住這一點。

——威爾·史密斯，黑人影星

我已經厭倦了美國上下針對流行天王猥褻指控的「庭外定罪」行為……我認為很明顯，節目製作部門允許取笑這個看似古怪的人是一種騷擾行為。也許他是名猥褻犯，也許將來他會被定罪，但在此時此刻，他和你一樣清白。現在的他，一切古怪行為都來自他的歌舞家族，他曾是這個家族的首要支柱。如果你的童年曾被剝奪，你也許就不認為成年後嘗試彌補有什麼不正常了。所有人都隨意盯上這個走太空步的傢伙，然後再用他們的喙把他啄死……這是否就是一齣活生生的21世紀美國野蠻暴行？

——史蒂芬·金，恐怖小說大師

麥可·傑克森永遠是我的流行音樂之王，永遠！我個人認為他根本就沒有犯罪。如果過去真發生過什麼，那為什麼現在才浮出檯面？我才不信呢！

——DMX，說唱巨星

麥可是我們當代的耶穌。開始他們說他是黑的，然後他們說他是白的。現在他們打算把他釘死在十字架上。麥可不是戀童癖。如果麥可是戀童癖，他就不會這麼傑出。他就像《X檔案》那麼神秘，他高高在上。

——保羅‧慕尼，演員、電臺主持人

雷根總統曾親自打了三次電話，邀請麥可將他的《避開》這首歌用在一個公益廣告中，用來告誡年輕人避開一些不好的事情。可是，總有那麼多人把一些不好的事情強加到他的身上，這讓人看來多少有些諷刺。

　　麥可去世後第三天，就有傳言稱，1993年孌童案的男主角——喬迪‧錢德勒，目前已三十歲——終於說出，當年他是在父親的鼓動下誣陷麥可，目的就是得到麥可的錢。儘管這則新聞還沒有得到主流媒體的證實，但很多歌迷依然憤慨地說，若不是這個事件，2003年的案件也不會發生。

　　傷害已然造成，這麼多年來，心懷仇恨的人從未放棄這個機會對麥可大肆攻擊。人們對他的誤解，在誣陷、仇恨以及媒體的渲染下，就這麼越來越深了。

　　錢德勒說希望得到麥可的原諒。也許麥可從沒怪過他，他只是嚴厲指責過孩子的父親。也許此時天堂裏的麥可，正在微笑地看著這個當年深深傷害過他的孩子。

　　麥可確實過著一種有別於世人的生活，從童年開始的超級巨星身分、在音樂方面巨大的影響力、他建造的夢幻莊園、他做的大量慈善事業、他的膚色、幾近遁世的生活、他的婚姻和孩子……關於他的很多事情，都讓人覺得匪夷所思。

　　但是，在他所牽涉的案件當中、在關於他的種種傳聞之中，一些人的偏見以及媒體的煽風點火，使他被世人深深地誤解。謊言說了上千遍，就會被人們當成真相。這是一場種族主義者與媒體的合謀，歐美白人種族主義者與娛樂工業相互勾結，造成了這樣一種結果。

　　種族主義者無所不用其極地對他展開攻擊，媒體更是極力炒作，為了獲取眼球效應，對負面消息大肆宣揚。它們各自達到了自己的目的，麥可則成為了犧牲品。

　　為什麼麥可‧傑克森會遭受如此嚴重的污蔑？

　　1964年，麥可六歲的時候，美國通過了《民權法案》，以緩解黑人尤其是黑人青年日益加深的不滿和日趨嚴重的種族衝突狀態。1968年，馬丁·路德·金遇害。在馬丁·路德·金遭人暗算之後，麥可的媽媽帶著幾個孩子去了聖殿。麥可看到，人們哭得就像他們自己家裏的人去世了一般，那些他眼中平時不露聲色的男人們也控制不住他們的悲痛心情。這可能是麥可對種族歧視最初的印象。

　　在種族歧視仍然存在的二十世紀七、八〇年代，這個黑人男孩用他的音樂征服了世界。麥可的唱片銷量打破了紀錄，他的音樂被上億人喜愛，從白髮老人到幾歲的孩子。他娶了貓王的女兒，擁有貓王的許多歌曲版權，擁有全球第二大音樂公司索尼唱片眾多歌曲的版權。所有這些，都被美國種族主義者憎恨不已。他的音樂電視曾遭到電視臺拒絕，就是因為他是黑人。後來人們看到他變白了，就說他背叛了自己的種族。黑，或者是白，讓那麼多人激動、憤怒、懷疑。但他知道，他永遠是個黑人。

　　我已經厭倦了被人操縱的感覺。這種壓迫是真實存在的！他們是撒謊者，歷史書也遍布謊言。你必須知道，所有的流行音樂，從爵士到搖滾，到hip-hop，然後到舞曲，都是黑人創造的！但這都被逼到了歷史書的角落裏去！你從來沒見過一個黑人出現在它的封面上，你只會看到貓王，看到滾石樂隊，可誰才是真正的先驅呢？

　　自從我打破唱片紀錄開始——我打破了貓王的紀錄，我打破了
披頭士的紀錄——然後呢？他們叫我畸形人，同性戀者，性騷擾小
孩的怪胎！他們說我漂白了自己的皮膚，做一切可做的來詆毀我，
這些都是陰謀！當我站在鏡前時看著自己，我知道，我是個黑人！

——麥可‧傑克森

　　在明知麥可患有白癜風的情況下，媒體仍要說他是漂白的，並
用民族主義的說辭攻擊他。在兒童性騷擾案漏洞百出且還未定案的
時候，媒體就迫不及待地給他定罪，然而最終他被判無罪。他把嬰
兒抱出窗口兩秒鐘給整夜守在酒店樓下的歌迷看，卻被媒體誇大並
把鏡頭拉慢，讓公眾認為他是個不負責任的父親。他在孩子們露面
的時候給他們蒙上面紗，卻不斷被媒體攻擊，讓他最後不得不道
歉。諸如此類，不勝枚舉。

　　在美國這個一直以民主、自由、平等、博愛標榜自己的國家，
乃至以白人為主體的整個歐美國家，麥可受到的種族歧視、受到的
媒體轟炸以及受到的缺乏公信的報導的攻擊，帶給他巨大的壓力，
讓他本就不成熟的心智承受了超出常人的壓力。他怪誕的舉止、遁
世的生活、充滿悲劇色彩的人生，似乎成為不可避免的事情。我們
能看到的，是他已經在努力做到最好。在他身上發生的悲劇，讓人
不得不質疑這個充滿缺陷的法制系統——它可以失去控制地毀滅一
個超越真實人生的人，只因世界需要娛樂。

　　在世人無盡的污蔑面前，他一直沒有停止下來的，是大量的慈

善工作。

真實的麥可是一個極具愛心的人，他一直在歌中呼籲和平，宣傳環保，傳達博愛特別是對兒童的關愛，關注社會，抨擊不公。現實中他也確實在這樣做。他是全球所有藝人中捐助慈善事業最多的一位，多次得到人道主義大獎，兩次獲諾貝爾和平獎提名。除向全世界近四十個慈善機構進行捐贈外，他還創立了「拯救世界基金會」（1992年成立）、「拯救兒童基金會」（2001年成立）、「麥可·傑克森燒傷中心」（1984年成立）、「麥可·傑克森愛滋病救助中心」（1986年成立）、「麥可·傑克森有色人種教育基金會」（1987年成立）等等。這些機構每年無償向數以萬計的患者——特別是兒童患者、貧困患者——提供醫療幫助。

對麥可所做的這些慈善事業，媒體卻不願過多宣傳。為了滿足大眾好奇、八卦的心理，它們寧願報導乃至編造一些負面的、聳人聽聞的消息。相比宣傳麥可慈善、正直、寬容的一面，媒體更願意把他妖魔化。

攻擊他的人把他看成魔鬼，他的歌迷則把他看做天使，看做神。歌迷們理解他、相信他，在他最困難的時候支持他，為他據理力爭。了解他的人們把他看成孩子，不了解他的人們當他是一個怪物。崇拜、熱愛、羨慕、妒忌、仇恨、鄙視，各種各樣的人類情感被加到他的身上。他希望的，卻是在自己的夢幻莊園裏，當一個永遠不會長大的人。

他喜歡孩子，也想當父親，當他有了孩子後，他所想的就是如何當好三個孩子的父親。他總是把孩子放在第一位，然後再考慮其他的事情。他想讓孩子擁有快樂的童年，也深知自己無法讓孩子們像別的孩子那樣無憂無慮地出現在眾人面前。在牛津大學的演講中，他曾說道：

……我肯定的是，我希望我的孩子們想起我的時候，能記得我不管去哪，都要把他們帶在身邊，想起我如何把他們放在一切之前。但他們的生活裏總是有挑戰。因為我的孩子們總是被那些八卦小報跟蹤，他們也不能經常和我去公園或者影院。

所以如果他們長大了之後怨恨我，那又怎麼樣呢？我的選擇給他們的童年帶來了多大的影響？他們也許會問，為什麼我們沒有和其他孩子一樣的童年呢？在那一刻，我祈禱，我的孩子能夠理解我。他們會對自己說：「我們的爸爸已經盡了他最大的努力，他面對的是獨一無二的狀況。他或許不完美，但他卻是個溫和正派的人，想把這世上所有的愛都給我們。

傳言稱，麥可給他的孩子們留下了200多首未發表過的歌曲，約值一億美元。這是他給孩子們留下的能夠讓他們衣食無憂的財產。他不能像一個普通的父親那樣給孩子們一個普通人的童年，但是他在以自己的方式盡最大可能地愛著孩子。

如今彼得‧潘回到了他的夢幻島，留下一段傳奇，後人只能對他仰望。如果我們能夠暫時忘卻媒體對麥可的各種報導，拋開圍繞著他的各種負面消息，靜靜地聽他唱歌，用心來理解他，也許我們可以對他少些誤解。

圖源／CFP

There comes a time when we heed a certain call
When the world must come together as one
There are people dying
And it's time to lend a hand to life,
The greatest gift of all

We can go on pretending day by day
That someone, somewhere will soon make a change
We are all a part of God's great big family
And the truth you know love is all we need

We are the world
We are the children
We are the ones who make a brighter day
So let's start giving
There's a choice we're making
We're saving our own lives
It's true we'll make a better day
Just you and me

Send them your heart
So they'll know that someone cares
And their lives will be stronger and free
As God has shown us by turning stones to bread
So we all must lend a helping hand

——摘自「We Are the World」

當我們聽到懇切的呼喚
全世界應該團結一致
有些地方的人們正在死去
是時候伸出我們的援手
這就是最好的禮物

我們不能日復一日偽裝下去
在某些地方總有人要改變自己
我們都是上帝大家庭中的一員
事實上，我們需要的就是愛

天下一家
我們都是上帝的子民
創造美好未來要靠我們自己
讓我們奉獻自己
我們正在做的抉擇
是在拯救自己的生命
我們真的可以創造更美好的明天
就靠你和我

將你的心傳遞給他們
讓他們知道有人關心他們
他們才能生活得更加堅強和自由
如同上帝把石頭變成麵包
用這件事來開釋我們
我們都應該伸出援手才對

——摘自《天下一家》

1993年，十三歲男孩喬迪・錢德勒指控傑克森對其進行性侵犯。警方隨即搜查了傑克森位於加州聖塔芭芭拉的「夢幻莊園」。

　　同年，傑克森公開承認服用止痛片上癮，並在毫無徵兆的情況下取消了全球巡演。

　　1994年，傑克森支付錢德勒一家2330萬美元，與他們達成庭外和解。

　　2000年6月，長期擔任傑克森演唱會經理的德國商人阿夫拉姆向傑克森提出訴訟，因傑克森未按照合同約定完成演出，被要求賠償2120萬美元。

　　2001年7月，正在籌備新碟和出道三十周年演唱會的傑克森，被與他合作了三個星期的新經理人路易・利文解雇。原因是路易認為他太霸道，要求自己全力為他工作。路易同時是麥可・波頓的經理。

　　2002年11月，傑克森飛抵柏林，準備出席一個頒獎禮。在下榻的酒店外有不少歌迷守候，他拿出一條白毛巾圍住嬰兒的頭，走到

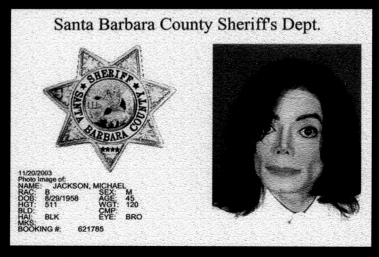

這是聖塔芭芭拉警局給傑克森拍攝的嫌犯存檔照

陽臺上，隨即做出引起軒然大波的舉動——他只用一隻手夾住嬰兒的身體，把他懸在四樓的陽臺外。

2003年2月，傑克森被英國蘇富比拍賣行告上法庭，控告他拍得兩幅合計138萬美元的名畫，但一直沒有付款。蘇富比要求傑克森付款的同時，另外賠償90萬美元。

2003年2月，紀錄片《麥可·傑克森大追蹤》在美國廣播公司的電視節目中播出。該節目不僅曝出傑克森幼子是試管嬰兒，對傑克森與眾多男孩「友誼」的展現，也令人產生種種聯想。傑克森在接受主持人馬丁·巴希爾採訪時表示，和小男孩同床共枕是一件「美妙的事」，再一次將他變童的傳聞推向風口浪尖。

2003年3月，有報導披露，傑克森以15萬美元請來巫師，對導演史蒂芬·史匹伯等23人下了死咒。

圖源／CFP

同年，十二歲男孩蓋文‧阿維佐指控傑克森對其進行性侵犯。傑克森面臨包括猥褻兒童、給未成年兒童服用酒精飲料，以及試圖綁架原告及其家人等十項指控。檢方展開了長達兩年的調查取證工作。一旦被認定罪名成立，傑克森將面臨長達二十年的監禁。

2005年6月13日，由十二人組成的陪審團當庭宣布因證據不足，針對傑克森的十項指控全部不成立，傑克森被無罪釋放。

——改編自環球線上網站

各種謠言、攻擊的起因，都是種族主義偏見在作祟。對於此，傑克森曾談過他的一些看法：

我真的不是一個有偏見的人。我覺得人們應該多想想上帝和他神奇的創造物，如果你去看看你身體內部的那些奇觀（編者注：他指的是內臟器官的顏色），你就會知道，不同顏色的器官做著不同的工作。那麼我們人為什麼不可以像它們一樣和諧共進呢？

種族問題是我最痛恨的，我真的很討厭。這也是為什麼我把這樣的問題帶到我的歌曲中，帶到我的舞蹈中，帶到我的藝術中，我就是要告訴這個世界該怎麼做。如果政治家解決不了，那詩人該用詩歌、作家該用小說來告誡人們。這就是我們要做的，也是拯救這個世界的一個很重要的途徑。

對全世界的人來說，這些醜聞真假難辨，給傑克森的演藝事業和個人形象造成了幾乎毀滅性的打擊。而媒體成功地用醜聞吸引了人們的視線。

傑克森去世後，這種情形再次出現，但換了種方式。我們看到，全世界媒體對他離世的相關報導規模空前，一方面是因為他的音樂成

就和悲劇人生，另一方面，不得不說是出於商業利益的考慮。

歌者善施

　　在這個星球上，只有他，才譜寫出了這麼多的慈善歌曲；只有他，才會每到一個地方就堅持去醫院、孤兒院探望；只有他，才肯把大筆大筆的錢捐給慈善機構；只有他，才能夠不顧流言誹謗，為兒童和環境事業孜孜不倦、堅持不懈。

——《福布斯》雜誌

使傑克森更加卓爾不群的是，他所獲得的成功和榮譽並沒有絲毫減弱他的敏感、他對社會福利的關心或者是他對家人朋友的熱切關心，特別是他對全世界兒童的關愛。他內心充滿著一種深摯的感情，這份感情使他成為一個超凡的、特別的、天真無邪的、孩子氣並且智慧的男人！他如此地奉獻自己，以至於對外界的攻擊幾乎全無抵抗力。我想傑克森對每個孩子都有吸引力。他擁有我們所珍視的天真無邪。

——美國著名影星伊莉莎白·泰勒

一個飽受種族主義者攻擊、飽受娛樂工業玩弄的音樂天才，並沒有因為自己受到的傷害而放棄慈善事業。他不求回報地做著這些事情，其中大部分放在對兒童的救助和關愛上。這可能部分因為自己對不曾擁有的童年生活的彌補，他不希望這種不幸再發生在其他孩子身上，但更多地是因為他的善良和仁愛，因為他虔誠的信仰。從這一點看，他真的是一個天使。

他不只是流行音樂之王，還是慈善之王。他擁有最多的歌迷，寫了最多、傳唱最廣的慈善歌曲。他用自己的音樂影響著上億人，讓越來越多的人關注人類、關注社會、關注地球、關注兒童，

還有，關注種族歧視。

　　他是有史以來以個人名義捐助慈善事業最多的人，一個人支援了世界上39個慈善救助基金會，一生為慈善事業捐助三億美元，並保持著2006年金氏世界個人慈善紀錄。

圖源／CFP

麥可‧傑克森
慈善活動列舉

關於他的慈善，再多的話也不如事實來得直截了當。

1979年1月向芝加哥公共圖書館捐贈包括《小飛俠》在內的大量書籍

1981年6月將「凱旋」演唱會收益中的十萬美元捐獻給「亞特蘭大兒童基金會」

1984年1月捐資修建「麥可‧傑克森燒傷中心」，並捐贈一個治療用高壓氧倉

1984年4月向西奈山紐約醫療中心捐贈一套十九張床位的醫療器材

1984年5月將《避開》用在不酗酒駕車的全國公益廣告中。雷根總統特邀麥可至白宮並頒發「特殊貢獻大獎」

1984年7月，將「勝利」所有個人巡演收入捐獻給慈善組織，包括「聯合黑人學院基金」、「好時光夏令營」、「T. J. 瑪特爾白血病和癌症研究基金會」

1984年7月將德克薩斯體育場演唱會的1200張門票捐贈給孩子們，價值約39000美元

1984年7月邀請700名貧困兒童免費觀看表演

1984年邀請囊腫性纖維化病患者、十四歲的大衛‧史密斯到傑克森在恩西諾的家裏做客。七個星期之後，小男孩因病離開了人世

1984年12月參觀布洛特曼醫療中心，將從百事公司得到的150萬美元賠償金全部捐給「麥可‧傑克森燒傷中心」

1985年1月為了賑濟非洲饑民，和眾多重量級藝人灌製錄音藝術史上收益最高的單曲《天下一家》。其衍生的各種來源的收益，全部用於援助饑餓中的非洲人民。最終有6000多萬美元唱片收益直接送抵受災最嚴重的非洲地區

1986年初 「麥可‧傑克森聯合國兒童捐助學術獎金基金會」誕生

1986年10月麥可的寵物被製作成玩具在商店上架，他要求商家每賣出一個玩具，就向兒童慈善組織捐贈一美元

1987年9月在日本巡演期間，捐獻三十件個人物品用於拍賣，所得的收益用於第三世界的兒童教育

1987年9月向日本小男孩 Yoshiyaki 的家裏捐獻兩萬美元，這個小男孩在麥可日本巡演期間被綁架並慘遭殺害

1987年10月向聯合國教科文組織捐獻一些個人物品用於慈善拍賣，拍賣所得將用於發展中國家的兒童教育事業

1987年11月向英國「吶喊中的兒童」基金會捐贈一萬英鎊

1988年2月1日，將發行單曲《鏡中人》所得的版稅捐給「羅奈爾得‧麥克唐納夏令營」，幫助救治身患癌症的孩子

1988年3月將「真棒」美國巡演在紐約三場演唱會中的首場收入捐給美國「聯合黑人學院基金」，遞交了一張六十萬美元的支票，成為「聯合黑人學院基金」的最大捐贈者

1988年4月宣布將4000張倫敦演唱會的門票無償贈送給英國ITV電視臺的「聯播募捐」節目，以期為大奧爾蒙街兒童醫院籌款二十萬英鎊

1988年5月在巡演期間訪問羅馬Bambin Gesie醫院，為那裏的兒童帶去糖果和親筆簽名照片，同時簽下了十萬英鎊的支票用於支持醫院的發展

1988年7月與查理斯王子和戴安娜王妃會面，向「英國王子信託基金會」捐贈45萬美元。同時為「美好祝願基金會」捐贈。他還向大奧爾蒙街兒童醫院捐贈了十萬美元，並為那裏的孩子講故事

1988年8月為英國慈善組織「獻禮生命」舉行一場演唱會，收入十三萬美元用於幫助四萬兒童進行免疫防治

1988年10月向摩城博物館遞交了一張125000美元的支票，作為希祠維爾的維修運作費用。同時向博物館捐贈了他的黑色呢帽和白色手套以及他在摩城時代的標誌裝束

1989年1月將洛

杉磯表演中的所得捐助給「美國幫助兒童協會」。為了感謝麥可，該協會建立了一個「麥可‧傑克森兒童虐待研究國際組織」

1989年3月招待「生理障礙兒童聖文森特之家」和「兄弟姐妹協會」送來的200個孩子到聖塔芭芭拉的瓦加司馬戲團，一起慶祝麥可喬遷「夢幻莊園」之喜

1990年1月透過「幫助兒童協會」邀請了82名被虐待或被忽視的孩子到夢幻莊園作客。到夢幻莊園來的孩子數不勝數，很多是患重病或家庭困難的孩子，麥可盡可能地親自接待他們

1990年2月在向小薩米‧戴維斯致敬的活動上表演，所得的二十五萬美元收益全部捐獻給美國「聯合黑人學院基金」

1990年4月被首都兒童博物館評為「十年藝人」。該獎項由總統布希在白宮頒發

1991年4月組織 「黑猩猩茶話會」，以支持珍‧古德的猿類研究所

1991年5月出席「珍‧古德國際慶典慈善會」，並擔任了該組織的名譽主席

1992年2月在十一天之內，在非洲進行超過三萬英里的行程，期間到訪醫院、孤兒院、學校、教堂和一些幫助存在精神問題的兒童的組織

1992年2月召開記者會，宣布「危險之旅」世界巡演，並成立新的「拯救世界基金會」，以救助患有愛滋病和青少年糖尿症的病人，並繼續支持「羅奈爾得‧麥克唐納夏令營」和「許願基金會」

1992年9月為「西班牙女王基金會」捐助100萬西班牙比塞塔

1992年11月在「美國愛心」基金會的協助下，「拯救世界」基金會將47噸冬季救濟品從紐約的甘迺迪機場運往薩拉熱窩兒童中心，其中包括藥品、毛毯、衣物、鞋襪等

1992年12月在電臺廣播中呼籲為「聯合黑人學院基金」捐款

1993年在洛杉磯宣布發起「拯救洛城」兒童救濟運動

1994年年初為伊莉莎白・泰勒愛滋病基金會捐助五十萬美元

1994年1月在紀念馬丁・路德・金生日的週末，在夢幻莊園為
100名殘疾兒童準備了聚會

1994年1月「拯救世界基金會」與通用電氣公司、利華兄弟公
司、沙弗・沃什公司向25個非營利組織捐贈
洗衣機、乾衣機和肥皂

1994年2月「傑克森家族榮
譽」電視特輯播出，將節
目所得捐給他們新成立
的慈善機構「互相關
愛之家」

　　1994年8月和妻子麗莎・瑪莉在布達佩斯參觀了兩座醫院。「拯救世界基金會」與反斗城玩具公司以及美國愛心組織為匈牙利布達佩斯醫院的兒童送去價值兩萬美元的玩具、食品和供給

　　1995年3月，「拯救世界基金會」為四歲的貝拉・法卡斯支付了肝臟移植的手術費用

　　1995年12月「拯救世界基金會」/世界兒童年會的大使為墨西哥城的「未來守護者」紀念碑獻詞

　　1996年2月「拯救世界基金會」/世界兒童年會的一名墨西哥籍兒童大使向聯合國第二屆環境預備委員會提交了一份創建可持續發展環境的模本建議

　　1996年11月將「歷史」世界巡迴演唱會印度站所獲收入的85%捐獻給北印度的一家慈善機構Shiv Udyog Sena，幫助印度領導人為馬哈拉斯特拉邦的二十七萬名青年人解決工作問題

　　1996年11月拜訪了威爾斯王子兒童醫院，為75個孩子簽名留念和分發玩具

　　1996年11月在慶功會前拜訪一家悉尼的兒童醫院，與孩子們聊天、簽名並分發玩具。把在澳大利亞九場演出收入的一部分捐給慈善組織The Smith Family

　　1997年1月在孟買向當地一家慈善機構捐獻110萬美元，幫助貧民區的失學兒童獲得教育

　　1997年4月英國《OK！》雜誌以100萬英鎊拿到麥可兒子的獨家照片，麥可把這筆錢捐給了慈善機構

　　1999年6月將在韓國和德國演唱會募集的330萬美元善款全部捐獻給人道主義機構：聯合國教科文組織、納爾遜・曼德拉兒童基金會、國際紅十字聯盟和紅色新月協會

　　2000年1月22日，與格里高利・派克、寇克・道格拉斯一起為修

復受暴風雨襲擊的法國凡爾賽宮公園捐獻大量資金

2000年在《金氏世界紀錄》千禧版本中，被評為支持慈善機構最多的流行歌星

2000年5月為第四屆T. J. 馬特爾基金會線上拍賣捐獻物品。同月，陪同伊莉莎白‧泰勒出席她的致敬音樂會，所得收益全部捐獻給紅熱愛滋病慈善會和伊莉莎白‧泰勒愛滋病基金會

2001年3月在新澤西州向青少年發放書籍，啟動麥可‧傑克森國際讀書俱樂部計畫

2001年9月捐出其三十周年獨唱生涯紀念演出所有收益，以在佛羅里達修建一所兒童醫院

2003年8月同美國總統小布希電話交談了45分鐘，商議在晚上設立一個全國範圍的「家庭時刻」，讓每個家庭都有時間坐在一起共進晚餐

2003年10月慈善單曲《What More Can I Give》正式在網上發行，通過收費下載的方式募捐。一輛眾星簽名的麥可‧傑克森賓利

豪華轎車被拍賣，募得款項捐給了兒童慈善機構

　　2003年10月獲得諾貝爾和平獎提名，這是繼1998年後第二次獲得該獎項提名。拉斯維加斯市長向傑克森贈予「金鑰匙」，並下令將10月25日定為「拉斯維加斯市麥可‧傑克森日」

　　2004年4月到訪美國國會，決定繼續開展他在非洲的慈善計畫。美國「非洲大使夫人協會」授予傑克森「人道主義獎」

麥可‧傑克森支持的三十九家慈善機構

1. 洛杉磯愛滋病防治計畫
2. 美國防癌協會
3. 天使的恩賜
4. 泛洛杉磯兄弟基金會
5. BMI基金會
6. 羅奈爾得‧麥克唐納夏令營
7. 資助美國兒童慈善會
8. 兒童國際學院
9. 城市與學校獎學基金
10. 社區青年人體育藝術基金會
11. 黑人議員委員會
12. 達喀爾基金會
13. 夢幻街兒童基金會
14. 夢想成真基金會
15. 伊莉莎白‧泰勒愛滋病基金會
16. 青少年糖尿病基金會
17. 婚姻幸福組織
18. 許願基金會
19. 少數民族愛滋病援助計畫
20. 摩城博物館
21. 全美有色人種協進會

22. 國家彩虹聯合會
23. 納爾遜‧曼德拉兒童基金會
24. 紅十字協會
25. 澳大利亞扶輪社
26. 歌手協會
27. 星光基金會
28. 卡特中心亞特蘭大計畫
29. 美國鐮狀細胞研究基金會
30. 改變非洲組織
31. 聯合國教科文組織基金會
32. 聯合黑人學院基金會
33. 聯合黑人學院之「希望的階梯」基金會
34. 美國志願者協會
35. 瓦特夏日慶典
36. 實現願望協會
37. 第28街基督教青年會
38. 兄弟十字軍協會
39. 布洛特曼燒傷中心

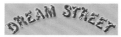

愛與寬恕

在2001年3月6日牛津大學的演講上，麥可曾為孩子們的權利進行呼籲。他指出，對孩子們權利的剝奪，導致世界上很多人失去童年的歡樂和安全感。

他提到小時候家裏養過的一隻狼狗。這隻狗名為「黑姑娘」，不僅不能看家，而且膽小和神經質。他和妹妹珍妮對它悉心照料，但還是沒能贏得它的信任。他們認為，狗以前的主人總是打它，這些早期的經歷摧毀了它的神經。

他提議人們建立一個全體兒童權利條約，作為孩子們「不可妥協的權利」。這些權利包括：

不必付出就可享受的被愛的權利

不必乞求就可享有的被保護的權利

即使來到這個世界時一無所有，也要有被重視的權利

即使不引人注意也要有被傾聽的權利

不需要與晚間新聞和復活節抗爭，就能在睡覺前聽一段故事的權利

不需要躲避子彈，就可以在學校受教育的權利

哪怕你只有媽媽才會愛的臉蛋，也要有被人尊重的權利

在這次演講上，面對傷害，他呼籲人們要學會寬恕。他引用聖雄甘地的話說：「弱者從不原諒，寬恕是強者的屬性。」他說：

我們一定能克服，無論我們童年受到的傷害對生活的影響有多大。假定你的父母是無辜的，寬恕每個人，就贏得每個人。成千上萬的孩子和他們的父母對寬恕的呼喚，或許在這一刻沒有結果，但這至少是一個開始，我們所有人都樂意看到的開始。

Michael Jackson

以上正是他的《拯救世界》一歌的主題。這是他創作的一首心靈交響曲，它是孩子們的歡笑，是孩子們的玩鬧，是孩子們的歌唱。「讓我們拯救世界，讓傷痛枯萎。讓我們一同創作最美的音樂。」

謠言和醜聞終將像風一樣過去，麥可在天堂仍會跳起他特有的舞步。

他留給我們他的歌，他的舞，他的愛，他的傳奇，他曾為整個世界所做的一切。我們能夠和他生活在同一個時代，本身就是一種幸運。

麥可在《鏡中人》中唱道：「我要從鏡中之人開始做起，我要求他改變他所走的路……如果你想要改善這個世界，先審視自己，然後做出改變。」

行動起來，我們能夠改變自己。

行動起來，我們能夠寬恕別人。

行動起來，我們能夠拯救地球。

珍惜所有他留下的東西，繼續將他的愛傳播到世界上的每一個角落。

珍惜生命，珍惜地球。緬懷、紀念、回憶他，然後，繼續上路。

天堂漫舞

What about sunrise

What about rain
What about all the things
That you said we were to gain
What about killing fields
Is there a time
What about the things
That you said was yours and mine
Did you ever stop to notice
All the blood we've shed before
Did you ever stop to notice
The crying earth the weeping shores?
Aaaaaaaah Aaaaaaaaah
What have we done to the world
Look what we've done
What about all the peace
That you pledge your only son...
What about flowering fields
Is there a time
What about all the dreams
That you said was yours and mine
Did you ever stop to notice
All the children dead from war
Did you ever stop to notice
The crying earth the weeping shores?
Aaaaaaaah Aaaaaaaaah
I used to dream
I used to glance beyond the stars
Now I don't know where we are
Althouge I know we've drifted for
Aaaaaaaah Aaaaaaaaah
......

——摘自「Earth Song」

日出呢

雨露呢
還有你說過
我們會得到的一切呢
土地在減少呢
有沒有結束的時候
還有你說過
屬於你和我的一切呢
你是不是忘了
我們曾揮灑的熱血
你有沒有看到
地球在流淚，海岸在哭泣
啊……
我們對世界做錯了什麼
看看我們做錯了什麼吧
還有你向獨子許諾過的
一切和平呢
鮮花遍布的田野呢
有沒有結束的時候
還有你說過
屬於你和我的所有夢想呢
你是不是忘了
戰爭中死去的那些孩子
你有沒有看到
地球在流淚，海岸在哭泣
啊……
我曾經夢想
我曾經遙望群星之上
如今不知我們身在何方
儘管我明白我們漂泊了太遠
啊……
…………

——摘自《地球之歌》

附錄：麥可・傑克森在牛津大學的演講

　　謝謝，謝謝各位親愛的朋友，對大家如此熱烈的歡迎，我表示由衷的感謝。謝謝主席，對您的盛意邀請，我感到萬分榮幸。同時，我特別感謝猶太學者巴迪奇，感謝您十一年來在牛津所做的工作。您和我一起努力建立「拯救兒童基金會」，就如創作我們的直白書一樣艱辛，但自始至終你都給予極大的支持和愛心。我還要感謝「拯救兒童基金會」的理事托巴・費里曼，她將於今晚返回母校，她曾經在這裏為一個馬歇爾學者工作過。當然還要感謝我們「拯救兒童基金會」的另一位重要成員瑪麗蓮・皮爾斯。

　　能來到這樣一個曾經匯集德蕾莎修女、愛因斯坦、隆納・雷根、羅伯特・甘迺迪和馬爾科姆・艾克斯等著名人物的地方演講，我感到受寵若驚。聽說青蛙柯蜜特曾經來過這裏，我也和他有同感——沒有深厚閱歷的人來這裏可並不容易，但我相信他一定沒有想到我竟會這麼容易地做到。

　　今天我參觀牛津大學，真的忍不住被這裏的偉大建築的宏偉壯觀所吸引，更不必說幾個世紀以來雲集於此的青年才俊了。牛津不僅薈萃了最出色的哲學、科學英才，還培養出了從J. R. R. 托爾金到C. S. 路易斯等不少極富愛心的兒童文學家。今天，我被允許在教堂餐廳裏參觀了雕刻在彩色玻璃窗裏的路易斯・卡羅爾的「愛麗斯夢遊仙境」。同時我還發現我的一位美國同胞，親愛的蘇斯先生，也為此增色，啟發著全世界的千萬兒童的想像力。

　　今晚，我想先從我為何能有幸在這裏演講開始。

　　朋友們，正如其他一些來此的演講者不善於月球漫步一樣，我

也並不具備他們所擁有的專業學術知識——而且，大家都知道，愛因斯坦在這方面尤其讓人敬畏。但是我可以說，比起大多數人，在其他文化方面，我擁有更豐富的經驗。人類文明不僅僅包括圖書館中紙墨記載的，還包括那些記在人們內心的，刻進人們靈魂的，印入人類精神的。而且朋友們，在我相對短暫的生命裏我經歷了這麼多，以至於我真的難以相信自己只有42歲。我經常對巴迪奇說，我的心理年齡至少有80歲了，今晚我甚至像個80歲老人一樣走路。那麼就請大家聽我說，因為今天我一定要對大家講的或許會讓大家一起來治癒人道，拯救地球！

多虧上帝的恩典，我很幸運地提前實現了自己一生的藝術和職業抱負。但這些成績和「我是誰」，具有完全不同性質。事實上，在崇拜者面前活潑快樂地表演《搖滾羅賓》和《本》的五歲小男孩並不意味著笑容背後的他也同樣快樂。

今晚，我不想以一個流行偶像的身分出現在大家面前，我更願意作一代人的見證，這代人不了解對於孩子來說什麼最重要。大家都有過童年，可我卻缺少它，缺少那些寶貴的、美妙的、無憂無慮嬉戲玩耍的時光，而那些日子我們本該愜意地沉浸在父母和親人的疼愛中，為星期一重要的拼寫考試下工夫做準備。熟悉傑克森五兄弟的朋友都知道我五歲時就開始表演，從那以後，就再也沒有停止過跳舞唱歌。

雖然表演和創作音樂的確是我最大的樂趣，可是小的時候我更想和其他的男孩子一樣，搭樹屋、打水仗、捉迷藏。但是命中注定我只能羨慕那些笑聲和歡樂，我的職業生活不容停歇。

不過，作為耶和華見證人，每個禮拜天我都要去參加教會工作，那時，我就會設想自己的童年和別人的一樣充滿魔力。而自從我成名以後，我就不得不用肥大的衣服、假髮、鬍鬚和眼鏡把自己

偽裝起來。我們在加州南部的郊區挨家挨戶串門，或者在購物中心閒逛，發放我們的《瞭望台》雜誌。而我喜歡到普通的家庭裏去，看那些粗毛地毯，看那些小傢伙們過家家，看所有的精彩、普通、閃亮的日常生活情景。我知道很多人會認為這沒什麼大不了，可對我卻充滿了誘惑。我常常想自己這種沒有童年的感覺是獨一無二的，我想能和我分享這種感覺的人更是少之又少。

前些時候，我有幸遇到了三、四〇年代的一位童星秀蘭‧鄧波兒，一見面我們什麼都不說，只是一起哭，因為她能分擔我的痛苦，這種痛苦只有我的一些密友，伊莉莎白‧泰勒和麥考利‧克金等人才能體會到。我說這些並不是要博得大家的同情，只是想讓大家牢記一點 —— 這種失去童年的痛苦不僅僅屬於好萊塢的童星。

現在，這已經成為全世界的災難。童年成了當代生活的犧牲品。我們使很多孩子不曾擁有歡樂，不曾得到相應的權利，不曾獲得自由，而且還認為一個孩子就該是這樣的。現在，孩子們經常被鼓勵長大得快一些，好像這個叫做童年的時期是一個累贅的階段，大人們很不耐煩地想著辦法讓它盡可能地快些結束。在這個問題上，我無疑是世界上最專業的人士之一了。我這一代見證了父母與孩子親情的疏離。

心理學家在書中詳述了不給予孩子絕對的愛而導致的毀滅性影響，這種無條件的愛對他們精神和人格的健康發展是極其必要的。因為被忽視，很多孩子就封閉自己。他們漸漸疏遠自己的父母親、祖父母以及其他家庭成員，我們身邊那種曾經團結過一代人的堅不可摧的凝聚力就這樣消失了。這種違背常理的行為造就了一代新人，他們擁有所有外在的東西 —— 財富、成功、時裝和跑車，但他們的內心卻是痛苦和空虛的。胸口的空洞，心靈的荒蕪，那些空白的地方曾經搏動著我們的心臟，曾經被愛佔據。其實，不僅孩子們

痛苦，父母親也同樣受煎熬。我們越是讓孩子們早熟，我們就越是遠離了天真，而這種天真就算成年人也值得擁有。

女士們先生們，愛是人類家庭最珍貴的遺產，是最貴重的饋贈，是最無價的傳統，是我們應該代代相傳的財富。以前，我們或許沒有現在富有，房子裏可能沒有電，很多孩子擠在沒有取暖設施的狹小房間裏。但這些家庭裏沒有黑暗，也沒有寒冷。他們點燃愛之光，貼緊的心讓他們感到溫暖。父母不為各種享樂和名利分心，孩子才是他們的生活中最重要的。

我們都知道，英美兩國在湯瑪斯‧傑弗遜提出的所謂「幾個不可妥協的權利」上決裂。當我們美國人和英國人在爭執各自要求的公平時，又有什麼關於孩子們不可妥協的權利之爭呢？對這些權利的逐步剝奪已經導致世界上的很多孩子失去快樂童年。因此我建議今晚我們就為每個家庭建立一部全體兒童權利條約，這些條約是：

不必付出就可享受的被愛的權利

不必乞求就可享有的被保護的權利

即使來到這個世界時一無所有，也要有被重視的權利

即使不引人注意也要有被傾聽的權利

不需要與晚間新聞和復活節抗爭，就能在睡覺前聽一段故事的權利

不需要躲避子彈，就可以在學校受教育的權利

哪怕你只有媽媽才會愛的臉蛋，也要有被人尊重的權利。

朋友們，人類所有知識的創立，人類意識的萌芽必然需要我們每一個人都成為被愛的對象。哪怕你不知道自己的頭髮是紅色還是棕色，不知道自己是白人還是黑人，不知道自己信仰哪個宗教，你也應該知道自己是被愛著的。

大概十二年前，我正好在準備我的「真棒」巡演，一個小男孩

和他的父母親來加州看我。癌症正在威脅著他的生命，他告訴我他非常愛我和我的音樂。他的父母告訴我他生命將盡，說不上哪一天就會離開，我就對他說：「你瞧，三個月之後我就要去堪薩斯州你住的那個城市開演唱會，我希望你來看我的演出，我還要送給你一件我在一部錄影帶裏穿過的夾克。」他眼睛一亮，說：「你要把它送給我？」我說：「當然，不過你必須答應我穿著它來看我的演出。」我只想盡力讓他堅持住，就對他說：「我希望在我的演唱會上看見你穿著這件夾克，戴著這隻手套。」於是，我又送了一隻鑲著萊茵石的手套給他。一般我絕不送萊茵石手套給別人。但他就要去天堂了。不過，也許他離天堂實在太近，我到他的城市時，他已經走了，他們埋葬他時給他穿上了那件夾克，戴上了那隻手套。他只有十歲。上帝知道，我知道，他曾經多麼努力地堅持過。但至少，在他離開時，他知道自己是被深愛著的，不僅被父母親愛著，甚至還有幾乎是個陌生人的我也同樣愛他。擁有了這些愛，他知道他不是孤獨地來到這個世界，同樣也不是孤獨地離開。

　　如果你降臨或離開這個世界時都感到被愛，那麼這些時間裏發生的所有意外你都能對付得了。教授可能降你的級，可你自己並不會覺得低人一等；老闆可能排擠你，可你不會被排擠掉；一個辯論對手可能會擊敗你，可你卻仍能勝利。他們怎麼能真正戰勝你、擊倒你呢？因為你知道你是值得被愛的，其餘的只是一層包裝罷了。可是，如果你沒有被愛的記憶，你就無法發現世界上有什麼東西能夠讓你充實。無論你掙了多少錢，無論你有多出名，你仍然覺得空虛。你真正尋找的只是無條件的愛和完全的包容。而這些在你誕生時就被拒絕給予。

　　朋友們，讓我給大家描述一下這樣的情景，在美國每天有六個二十歲以下的孩子自殺，十二個二十歲以下的孩子死於武器——記

住這只是一天，不是一年。另外還有399個年輕人因為服用麻醉品而被逮捕，1352個嬰兒被少女媽媽生出來，這些都發生在世界上最富有最發達的國家。是的，美國所充斥的暴力，其他的工業化國家無法相比。這只是美國年輕人宣洩自己痛苦和憤怒的途徑，但是，難道英國就沒有同樣煩惱痛苦的人麼?調查表明，英國每小時都會有三個十來歲的孩子自殘，經常割燙自己的身體或者服用過量藥劑。這是他們現在用來發洩痛苦煩惱的方法。在大不列顛，有20%的家庭一年只能聚在一起吃一次晚飯，一年才一次!

　　二十世紀八〇年代的研究發現，聽故事多的孩子都有較強的識讀能力和動手能力，而且，遠比看著學有效果。然而，英國只有不到33%的二～八歲的孩子能固定地在晚睡前聽段故事。如果我們沒有意識到75%的家長在他們的那個年齡都是聽著故事過來的，那麼大家可能就不會想到什麼了。很顯然，我們沒有問過自己這些痛苦憤怒和暴力從何而來。不言而喻，孩子們特別憎恨被忽略，害怕冷漠，他們哭泣只是為了引起注意。在美國，各種兒童保護機構表示，平均每年，有千萬兒童成為了忽略冷漠的受害者，這是一種虐待!富有的家庭，幸運的家庭，完全被電子產品束縛了。父母親回到家裏，可是他們沒有真正回家，他們的腦袋還在辦公室。

　　那麼孩子們呢?啊，只好以他們所能得到的一些感情的碎片勉強過活。在無休止的電視、電腦遊戲和錄影帶上又能得到多少呢!這些讓我覺得扭曲靈魂動搖心靈的又冷又硬的東西正好可以讓大家明白，我為什麼要花費這麼多時間精力來投身「拯救兒童基金會」的活動，以讓它能獲得巨大的成功。我們的目的很簡單——重建父母兒女之間的融洽關係，重許我們的承諾，為終究有一天會來到這個世界的美麗孩子們照亮前行的路途（這次公開演講之後，如果你們能對我敞開心扉，我覺得我會和你們聊更多）。常言道，撫養孩子

就像跳舞。你走一步，你的孩子跟一步。而我發覺養育孩子時，你對孩子的付出只是故事的一半，而另一半就是孩子對父母的回報。

在我小時候，我記得我們有一隻名叫「黑姑娘」的狼狗，她不僅不能看家，而且很膽小並且神經質，甚至對卡車的聲音和雷雨也恐懼不已。我的妹妹珍妮和我在她身上花費了不少心血，但是我們沒能贏得她的信任，她以前的主人總是打她，我們不知道為了什麼，但是無論因為什麼，都摧毀了這隻狗的神經。

如今許多冷漠的年輕人都是受傷害的可憐人。他們一點也不關心他們的父母。他們獨來獨往，捍衛他們的獨立。他們不停地向前，而把父母拋在了後面。還有更糟的孩子，他們怨恨父母，甚至父母的任何可能的提議都會被激烈地駁回。

今晚，我不希望我們之中任何人犯這樣的錯誤，這就是為什麼我正號召全世界的孩子──和我們今晚在場的人一起開始──寬恕我們的父母，如果我們覺得被忽略，那麼寬恕他們並且教他們怎樣愛。聽到我沒有一個幸福童年時您可能並不吃驚，我和我父親的緊張關係就是一例。

我父親是個嚴厲的人，從記事起，他努力讓我們盡量成為好演員，他不善於表達愛，他從不說他愛我，也從未誇獎我。如果我表現得很棒，他會說不錯，如果我表現得還行，他就說差勁，讓我們取得事業的成功是他最熱切的希望。我的父親是個天才管理者，我和我的哥哥們事業上的成功要歸功於他的強迫方式。在他的指導下，我沒有錯過任何一個機遇，但我真正想要的是一個讓我感覺到愛的父親，我的父親卻不是這樣，在他直視著我時從不說愛我，從未和我玩過一個遊戲，沒有玩過騎馬，沒有扔過枕頭，沒有玩過水球。但我記得我四歲那年，有一個小的狂歡節，他把我放在小馬上，這樣小的一個動作，或許他五分鐘就忘記了，但因為那一刻，

在我心裏，他有了一個特別的位置。這就是孩子，很小的事情對他們意味著很多，對我亦如此，那一刻意味著一切，我僅僅經歷過一次，但那感覺真好，對他也是對世界的感覺！

但是現在我自己也當爸爸了，有一天我正在想著我自己的孩子王子、帕麗斯，還有我希望他們長大後怎樣看我。我肯定的是，我希望他們想起我的時候，能記得我不管去哪，都要他們在我身邊，想起我總是把他們放在一切之前。但他們的生活裏總是有挑戰。因為我的孩子們總是被那些八卦小報跟蹤，他們也不能和我經常去公園或者影院。

所以如果他們長大了之後怨恨我，那又怎麼樣呢？我的選擇給他們的童年帶來了多大的影響？他們也許會問，為什麼我們沒有和其他孩子一樣的童年呢？在那一刻，我祈禱，我的孩子能夠理解我。他們會對自己說：「我們的爸爸已經盡了他最大的努力，他面對的是獨一無二的狀況。他或許不完美，但他卻是個溫和正派的人，想把這世上所有的愛都給我們。」

我希望他們能總是把關注點放在那些積極的方面，比如我心甘情願為他們做出的犧牲，而不是那些他們不得不放棄的事情，或我在撫養他們的過程中犯過的或不能避免犯下的錯誤。因為我們都曾是他人的孩子，而且我們都清楚，儘管有非常好的計畫和努力，錯誤仍總是會發生。因為人孰能無過？

當我想到這些，想到我是多麼希望我的孩子覺得我好，而且會原諒我的缺點時，我不得不想起我自己的父親，不管我之前是多麼地否定他，我必須承認他一定是愛我的。他的確愛我，我知道的。從一件小事就可以看出來。在我小時候，非常喜歡吃甜食——孩子們都這樣，我父親知道我最喜歡吃麵包圈，於是每隔幾個星期，當我早上從樓上下來時，我都會在廚房的櫃檯上發現一整袋麵包

圈——沒有字條、沒有說明，就像是聖誕老人送來的禮物。

有時我曾經想熬夜藏在一邊，好看到他把它們留在那裏。但就像對待聖誕老人的傳說那樣，我不想破壞掉這種神奇幻想，更害怕他再也不會繼續。我的父親得晚上悄悄地把它們留在那裏，並且不讓任何人知道。他害怕提及人類的情感。他不懂也不知道怎麼處理。但他懂得麵包圈對我的意義。

當我打開記憶的洪閘時，更多的回憶湧現出來，那些關於一些微妙動作的記憶，儘管已經不太清晰，但絕對體現了他在盡力而為。於是今晚，與其專注於我父親沒有做到什麼，我更願意專注於所有他歷盡艱難盡力做到的事情。我想停止對他的評判。

我回想我的父親是在南方一個非常貧窮的家庭長大的。他成長於大蕭條時期，而我的爺爺奮力養育著孩子們，也沒有對家庭表現出多少慈愛，我的父親和其他兄弟姐妹在爺爺的鐵拳下長大。誰設想過一個在南方長大的黑人的處境？沒有尊嚴，沒有希望，想拼力在這個視自己為下賤種的世界裏爭得立足之地。我是第一個登上MTV台的黑人藝人，我還記得那有多艱難，那還是在八〇年代！後來我父親搬到印第安那州並且有了自己的大家庭，他在煉鋼廠長時間地工作，那工作很低下，而且對肺有損害，這一切都是為了家。這是否很奇怪，因為他艱於表達？這是否很神秘，因為他的心那樣飽經滄桑？最重要的，這是否不可理解，因為他逼他的兒子去走演藝成功之路？——為了免於再過受侮辱和貧窮的生活，我開始明白就連父親的咆哮也是一種愛，一種不完美的愛，他逼我因為他愛我，因為他希望沒人會鄙視他的子女，現在，想起曾經的苦難，我感到幸福。在憤怒中，我發現了超脫，在復仇中，我發現了和解，就連最初的憤怒也慢慢變成了寬恕。

差不多十年前，我創建了一個叫「拯救世界」的慈善機構，這

名字本身正是我內心的感覺，開始我並不知道，正如巴迪奇後來指出的那樣，那兩個字是古老預言實現的基礎，我們真的能拯救世界嗎？這個問題直到今天一直被戰爭以及人種問題困擾著。我們真的能夠拯救孩子嗎？那些帶槍進學校滿懷仇恨甚至向同學開槍的孩子，那些將被打死的孩子，我們真的可以拯救嗎？是的，否則我今晚不會站在這裏。

但是這一切都從寬恕開始，因為要拯救世界我們必須首先拯救自己。而要拯救孩子，我們首先要保護孩子的內心，這一點人人有責。作為一個成年人，作為家長，我意識到只有我童年的靈魂找到依靠我才能成為一個完整的人，才能無條件地給予孩子愛。這也是今晚我讓大家做的事情。無愧於《十誡》第五條。敬愛你們的父母而不是評判他們。這就是為什麼我要寬恕我的父親並且不再評判他，因為我只想要一個「父親」，這也是我唯一得到的。

我想在餘生卸掉一切包袱和我父親和好，不受過去陰影的影響。如果世界充滿仇恨，我們仍要敢於憧憬；如果世界充滿憤怒，我們仍要敢於安慰；如果世界充滿絕望，我們仍要敢於夢想；如果世界充滿猜度，我們仍要敢於信任。今晚因父母而失望的人們，我要你們別再失望；今晚感覺被父母親欺騙的人們，我要你們不要再欺騙自己；今晚所有希望將父母踢開的人們，我要你們把手伸向他們。

我在要求你，也是在要求我自己，把無條件的愛給我們的父母，這樣他們會從他們的孩子那裏學會愛，這樣會最終重建一個愛的世界。巴迪奇曾提到古書上的預言——新的世界、新的時代將要到來——當父母的心靈因孩子的心靈而重生的時候。

我的朋友們，我們就是那個世界，我們就是那些孩子。

聖雄甘地曾說：「弱者從不原諒，寬恕是強者的特點。」今

晚，讓我們作一個強者，並且超越強者，迎接最大的挑戰 ── 治癒感情的創傷。無論我們童年受的傷害對生活的影響有多大，我們一定能克服。用傑西‧傑克森的話說，寬恕每個人，救贖每個人，然後前進。

成千上萬孩子和他們的父母對寬恕的呼喚，或許在這一刻沒有結果，但這至少是一個開始，我們所有人都樂意看到的開始。

好了，女士們先生們，我對我今晚演講的評價是：自信，有趣，激動。

從今往後，或許可以聽到一首新歌。

讓這新歌是孩子們的歡笑。

讓這新歌是孩子們的玩鬧。

讓這新歌是孩子們的歌唱。

讓這新歌可以讓所有的父母聽到。

讓我們一起創作一首心靈的交響曲，創造一個讓我們的孩子們沐浴在愛裏的奇蹟。

讓我們拯救世界，讓傷痛枯萎。讓我們一同創作最美的音樂。

願上帝保佑你們，我愛你們。

後記

　　6月26日清晨六點左右，一通急切的電話把我從夢中驚醒。一個法國的朋友在電話裏緊張地問我：「Keen，聽說麥可‧傑克森死了，人們都上街了，你聽到消息了嗎？是不是真的？」

　　我只能回答：「等等，別急，我上網看看。」

　　關於傑克森死亡或被預言死亡的傳言已經非常常見。但每次都被證明是小報的惡意中傷。因此接到這個電話的時候，還沒有從睡眠裏完全清醒過來的我，只覺得這大概又是一則假新聞而已。

　　但當看到CNN等各大媒體已經開始瘋狂地把傑克森照片推上頭條後，我的心「咯噔」一下。到常去的外國歌迷論壇裏逛了逛，也是一片歇斯底里，但也有冷靜的人在安慰歌迷：「CNN還沒有確認傑克森死亡，只是說深度昏迷而已，大家先別急！」

　　然而就在幾分鐘後，美聯社通過內幕人士確認：麥可‧傑克森去世。

　　這個戲劇化的轉折，讓無數傑克森的歌迷一直無法接受。流行音樂之王在此之前，還在積極地為七月的倫敦演唱會排練，身邊的人和合作的人也紛紛表示說他身體很好，但為什麼這麼突然？

　　很多人都在巨大的悲哀、驚恐和拒絕相信中，度過了黑暗的一周。各種傳言和陰謀論甚囂塵上，但傑克森已經不在乎了。他將入土為安。

　　就在一系列可以寫入娛樂歷史教科書的曠世演出開始之前，傑克森出師未捷身先死。

　　作為流行音樂之神「三位一體」中的最後一位，他終於去了天堂。

　　前兩位分別是貓王和披頭士的主唱約翰‧藍儂。他們都很年輕就死了。

　　常常有人歌頌瑪丹娜、鮑伯‧狄倫、U2樂團等等，但他們只是超級巨星罷了。而傑克森是巨星中的巨星，引領潮流的先鋒，代表著幾個時代的回憶和印記，伴隨著幾代人的成長。這就是文化圖騰的意義。

　　而傑克森不僅是美國商業文化的代表，更是全世界流行文化的至尊。從小到大，他就在公眾的目光裏成長，而我們也伴隨著他成長。他是歷史上最長的真人肥皂劇，一輩子都生活在熱愛和非議的漩渦中。他已經超越了音樂和藝術，成為泛文化的代表，他被人愛戴，被人嘲笑，被人解讀，被人研究，被人引用。憑藉貓王和披頭士時代不可想像的傳播手段，他滲透到了社會的各階層，滲透到了地球上每一個有人類居住的角落。當你每每以為已經遺忘或者已經不在乎時，他總能以各種細微不察的方式從你的靈魂和記憶深處走出來，引得你淚流滿面。

　　從他三月宣布將召開演唱會以來，我就在積極籌備去倫敦看他的演唱會。六月，英國簽證下來，一切都在按照程序走著。我本淡定地生活著，工作著，行走著。夢想就在前面，七月即將引爆，世界將為之震撼，而對我來說，彷彿一切都是已經設定好的程序，正有條不紊地推向時光的聚點。

　　當然，哪怕是這個按部就班的過程中，也有小小的意外。五月二十日的晚上，就在我們幾個人約好一起去遞簽的前一夜，也就在我剛剛填好簽證申請表的那一刻，大洋的彼岸恰時地傳來麥可推遲四場演唱會的決定。香港的一個朋友在二十一日的零點十四分在MSN上對我驚叫：「did u get the email??? om my god! i cant belive it! omg im dead!!!」然後崩潰於電腦前。我還沒有意識到夢想破滅帶來

的衝擊。再接著，我知道了七月十二日的約定已變成了一紙空談。

　　有的時候，我覺得這是上帝在告訴我：不要去了——你看看甲型H1N1流感，你看看飛機消失，你看看經濟危機，你看看我在取消你的場次，你還敢來嗎？但是，真正實現夢想的人，又何嘗不經受上帝的考驗？又何嘗不憚於經受上帝的考驗？然而，現在上帝卻永遠帶走了他。

　　我還記得幾個月前剛搶到票時，和歌迷們一起的興奮。作為MJJCN.com 的負責人，我甚至聯繫上了麥可‧傑克森現任的化妝師卡倫‧菲，並約好倫敦相見。然而現在，我們曾經的幸運、努力和喜悅，已經再沒有意義。人生無常就是這個意思。

　　傑克森今年開演唱會，我實際是真沒那麼興奮的。我其實很自私地曾希望他永遠不要再開了。我在讀高中的時候，漸漸成為了他的歌迷，讀著關於他亂七八糟的文字。拿著他的《歷史》專輯，我懵懂地對同學說，要是他在很早之前就死了多好，那他的輝煌就可以永遠定格在歷史中了，而不是像現在這個樣子。他在宣布倫敦演唱會的時候，我覺得他是在給歌迷最後一個交代，因為支撐他走下去的，正是家人和歌迷給予他的愛。一種失落感在他宣布演唱會的那天撲面襲來。我最怕去人多的地方，我最不愛去鬧哄哄的演出現場，但是我還是決定去了，這也是給自己一個交代，給自己青春記憶一個交代。

　　這一天我也想起我這麼多年做過的事。麥可‧傑克森其實本在我的生命中已經淡去。儘管天天都會上 MJJCN.com，這個我和朋友於十年前一起組建的中國最大的歌迷網站，翻譯一些關於他的資料和新聞，但他的音樂，我已經快兩年沒再聽過。太熟悉了。記在心裏了。不再聽了。九年了，還是十年了，我的生命裏發生了很多事情，也太多不是關於MJ。我都默默忍受著，往前走。

　　2003—2005年，當傑克森的變童案鬧得滿城風雨，最困難的時候，我還在堅持。那時，是真正最虔誠地相信好人有好報，上帝有公正的日子。彷彿一個不服輸的孩子在任性地打賭，隻身與所有的媒體較量。有時處於亂局的時候，只有選擇無來由地相信。儘管有堅實的證據證明他的清白。最後傑克森贏了。我贏了。我們所有歌迷贏了。我因此還拿到了傑克森親筆簽名獎勵給中國歌迷的認證，讓我們覺得所有的努力都沒有白費。

　　只是四年以後，當我已經變成一個冷靜的新聞工作者，當懵懂的小歌迷都已經長大，當大家都以為一切榮耀都將重新回歸的時候，卻突然之間，再也看不到我們夢想實現的可能。哪怕那麼一點點的機會和希望。

　　的確，傑克森的名譽終於恢復了。再沒有人對那些八卦和醜聞感興趣。他的唱片銷量以幾何級的程度飆升。以前痛恨他的人都出來致哀。各色人等都出來說話。你不覺得人生有些諷刺？擁有的時候不曾珍惜，失去了之後才來懷念。這是以生命為代價的回歸。或許傑克森對我們，對整個中國來說，依然是一個神話，一個夢，從來沒有真正實現過。這樣也好，就讓我們的思緒伴隨著他的王朝在塵世結束。

　　但是，他給我們留下了太多的遺產，無論是音樂上、舞蹈上、藝術上、慈善上、精神上……這些遺產，可以讓我們用一生的時間去品味和珍藏。他其實從來沒有離開過我們，他是永遠的麥可‧傑克森。

　　回想起最初去聽傑克森，完全是出於學習英語而順便開發的興趣。回想起為什麼喜歡上傑克森，竟然不是因為他的音樂和舞蹈，而是因為一首《拯救世界》裏蘊藏的博愛而純潔的力量，讓善良的我為之傾倒。那時的我，喜歡得多麼純粹。無論我之後如何懂得辨

別音樂的優劣，品評文化的萬象，或是甚至回過頭來不屑自己當年的品味……可我始終記得第一次感動時的味道。

　　我本希望這次演唱會能夠順利開完，每個人心中的夢想都能盡可能地實現。然而一切都太快了。我們還沒來得及準備告別。我們無法體會你的孤獨，但謝謝你曾經給了我們所有的陽光，所有的眷戀，和一個可以去努力的方向。你救濟苦難，治癒世界的情懷和雄心，將在熱愛你的人們的心中和行動上，綿延傳承。

　　這本書獻給麥可‧傑克森。獻給這些年來一直支持著我的父母、親人和朋友們。獻給全中國的MJ歌迷們。時間倉促，不足之處還望及時指出。

　　我也要感謝吳陶然、羅爽、張建人和陳婷婷，他們是我多年的朋友，對此書亦有貢獻。我們因為麥可而走在一起，並昇華了我們的友誼。感謝中國人民大學出版社的費小琳、李開龍、杜俊紅、唐奇、王海龍、曹沁穎，他們第一時間聯繫上我，對麥可‧傑克森的共同懷念讓我們一拍即合，我們需要為紀念偶像做點什麼。還要感謝所有那些合作建立MJJCN.com 的元老，如CeSsy、遜遜、高翔、李佳和馬楠，感謝所有那些和我並肩走過的朋友。最後特別感謝MJJCN.com 的老站長何傑婷，沒有你，就沒有我們今日的聚會。

　　想念的時候，請靜靜地為他點上一盞燭光。

　　記得我們在一起，記得我們曾經在一起，記得我們永遠在一起。

Keen

2009年7月3日，記於北京

編後記

　　表達對傑克森的敬意和懷念，是我們出版這本書的初衷。我們都不是麥可的粉絲，幾天來沉浸在介紹麥可的文字裏，翻看了1000多幅照片和所有能夠找到的影片，咀嚼著原本不那麼熟悉的歌詞，挖出了「麥可·傑克森中國網」（MJJCN），我們還親自動手，先後整理撰寫了三萬多字作為書稿的部分內容。隨著工作的深入，我們深深地感到麥可的一生承受了太多太多 —— 無與倫比的成功，全世界歌迷無以復加的愛，令人炫目的財富；他被人們擁戴為音樂王國裏的一代天王，夢幻莊園裏孩子的國王，拯救地球的神；同時，他沒有自由自在地玩與遊戲的童年，沒有更多的完全屬於個人的私密空間，總是有那麼多的猜疑和不信任，甚至是詆毀和誣陷包圍著他，還有那些病痛，如白癜風困擾著他。作為傑克森，作為一個要以舞臺為生的人來說，其經受的磨難一定不比失聰的貝多芬少。然而，這還不是他要承受的一切，遠遠不是！

　　從收音機、黑膠唱片，到錄音機、錄影帶、電視、網路，再到排行榜、葛萊美、索尼音樂公司，科技的發展使音樂超音速地流行，現代運作和行銷模式使一個鄉間酒吧裏的樂聲在世界各地迴響，如此炫目，如此榮耀，它必然形成一種強大的力量，它可以把一個人變成神，也足以毀滅一個人。在這樣一個瘋狂的世界裏，我們又怎能不為之顫慄。他的音樂，無疑打上了美國文化烙印，打上了我們這個時代文明的烙印。他的人生也同樣承載了這段歷史的善與惡。

　　有人說，他是一個十二歲的大男孩，他沒有邁入社會前的成人禮，他保持了孩子般的天真、純潔，更保持了孩子般的敏感。也許

對大多數成年人來說，一部分人面對這個世界變得更加理性，而另一部分人則變得麻木！麥可的敏感，使他更多地感受到成人世界的虛偽和醜惡。其實，我們經歷的時代，人類社會有了長足的進步，比如戰爭雖然時有發生，但和二十世紀的兩場世界大戰相比，似乎連戰爭本身也人道了許多；在美國，黑人不僅擺脫了奴隸制，更在二十世紀六〇年代擁有了選舉權，就在麥可離開我們的2009年初，一個黑人還當選為美國總統。然而——

　　在大不列顛，有20%的家庭一年只能聚在一起吃一次晚飯，一年才一次！……只有不到33%的2～8歲的孩子能固定地在晚睡前聽段故事。

　　在美國，兒童保護機構表示，平均每年有上千萬兒童成為被忽略和冷漠的受害者，這是一種虐待！富有的家庭，幸運的家庭，完全被電子產品束縛了。父母回到家裏，可是他們沒有真正回家，他們的腦袋還在辦公室。

　　　　　　　　　　——引自麥可・傑克森2001年在牛津大學的演講

　　麥可所憤憤不平的這些事在很多常人眼裏根本不算什麼。但這個敏感的人感受到了，並要傾全力去解救孩子們，然而他得到了什麼？

　　麥可五歲就開始登臺。我們沒有計算過，在成名之前，他在舞臺上和為了登上舞臺而工作的時間在他生命中佔據了怎樣的比重。我們陶醉於他激情的歌聲，美妙的舞步，他也同樣地陶醉。舞臺上，他不是在表演，而是那個屬於藝術的真我在表達宣洩、傾吐心聲；舞臺下，他也無時無刻不在表現真我，對麥可而言，生活和藝術的融為一體，使他每一個舉動都像行為藝術一樣引人關注。而在

普通人眼裏，他的行為方式難免讓人不舒服。他擁有一座夢幻莊園，但他還是沒有自己的空間；他試圖躲進自己的國度，但是沒有人允許他這樣做。

他是一個敏感的大男孩，他比我們更多地感受到我們社會的苦難。我們沒有他的成功和財富，也就安於被動地接受全球變暖、水資源短缺、癌症和愛滋病，甚至當我們的孩子集體地被剝奪了快樂童年時，我們也不曾伸出援手。他無法容忍這一切，甚至曾經自認為可以為拯救世界做點什麼。當很多人認為這樣的善行於事無補時，一個人善行的原動力反而被懷疑。最後，他不得不問——「我們真的能拯救世界嗎？這個問題直到今天一直被戰爭以及人種問題困擾著。我們真的能夠拯救孩子嗎？」

一個巨人走了，有人說他是另一個境界裏的人，是的，他的夢想很難實現，卻也很簡單！

如果世界充滿仇恨，我們仍要敢於憧憬；如果世界充滿憤怒，我們仍要敢於安慰；如果世界充滿絕望，我們仍要敢於夢想；如果世界充滿猜度，我們仍要敢於信任。

——引自麥可‧傑克森2001年在牛津大學的演講

一個巨人走了，我們編一本書，把他的心願傳遞。他留給我們的遠比他的歌聲豐富，遠比他的劇照精彩。感謝參與這本書編纂的每一個人。感謝互聯網為這本書的圖像素材收集提供了很大的幫助，這得益於那些關注麥可、熱愛麥可的同仁平時的熱情。感謝上海的孫孟晉先生，他在第一時間為這本書提供了深刻、精彩的序言。如果沒有最初宗澤先生對這本書的基本構想、找尋的1000多張圖片和滿懷創造激情的編排，沒有最初杜俊紅、王海龍撰寫整理的

三萬字，沒有李開龍找到Keen並說服他盡快動筆，沒有MJJCN和很多MJ迷們的長期工作，沒有唐奇、曹沁穎的辛勤的編輯加工，沒有楠竹文化和印刷廠員工的辛勞，就沒有這本書。

但是，如果沒有麥可……

他曾說：「如果你降臨或離開這個世界時都感到被愛，那麼這些時間裏發生的所有意外你都能對付得了。」

願麥可在天堂快樂地歌之舞之！

國家圖書館出版品預行編目資料

天堂漫舞：永遠的麥可‧傑克森／張銳, 老熊編
　　著. -- 一版. -- 臺北市：大地, 2010.06
　　　面：　公分. --（經典書架：11）

　　ISBN 978-986-6451-17-1（平裝）

　1. 傑克森（Jackson, Michael, 1958-2009）
　2. 歌星　3. 傳記　4. 美國

785.28　　　　　　　　　　　　　　99008736

天堂漫舞

主　　編	張銳　老熊
發 行 人	吳錫清
出 版 者	大地出版社
社　　址	114台北市內湖區瑞光路358巷38弄36號4樓之2
劃撥帳號	50031946（戶名　大地出版社有限公司）
電　　話	02-26277749
傳　　真	02-26270895
E - mail	vastplai@ms45.hinet.net
網　　址	www.vasplain.com.tw
美術設計	普林特斯資訊股份有限公司
印 刷 者	普林特斯資訊股份有限公司
一版一刷	2010年6月

經典書架 011

大地